천부경정해

우리겨레의 비문

천부경정해
우리겨레의 비문

초판 1쇄 발행 2021년 5월 7일

지은이 김용연
펴낸이 장길수
펴낸곳 지식과감성#
출판등록 제2012-000081호

교정 정은지
디자인 장홍은
편집 윤혜성
검수 김혜련, 윤혜성
마케팅 고은빛, 정연우

주소 서울시 금천구 벚꽃로298 대륭포스트타워6차 1212호
전화 070-4651-3730~4
팩스 070-4325-7006
이메일 ksbookup@naver.com
홈페이지 www.knsbookup.com

ISBN 979-11-6552-829-4(03150)
값 13,000원

• 이 책의 판권은 지은이와 지식과감성#에 있습니다.
• 이 책 내용의 전부 또는 일부를 재사용하려면 반드시 양측의 서면 동의를 받아야 합니다.
• 잘못된 책은 구입하신 곳에서 바꾸어 드립니다.

지식과감성#
홈페이지 바로가기

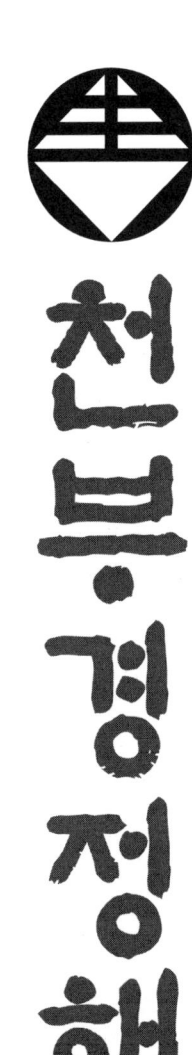

천부경 정해

우리겨레의 비문

김용연 지음

목차

머리말 ··· 6

1　천부경과 우리겨레 ·· 10
2　天符經 (하늘의 이치) ··· 13
3　天符經 숫자들에 감춰진 의미 (기본 숫자 1, 2, 3) ·································· 15
4　天符經 해석의 대원칙 ·· 18
5　숫자 3이 해석의 기준이 되어야 하는 이유 ··· 23
6　숫자 3이 해석의 기준이 될 수밖에 없는 이유 ······································ 26
7　숫자 4의 의미 ·· 29
8　숫자 5의 의미 ·· 31
9　숫자 6의 의미 ·· 32
10　숫자 7의 의미 ··· 35
11　숫자 8의 의미 ··· 39
12　숫자 9의 의미 ··· 42
　　(1) '9=3+6'의 의미
　　(2) '9=6+3'의 의미
　　(3) '9=3+6'과 '9=6+3'의 의미 비교
13　숫자 10의 의미 ·· 47
14　각 숫자의 종합적 의미 ··· 49
15　숨어 있는 해석 원리의 등장 ·· 53
16　一始無始一 (혹은 一始無始) ·· 56
17　중요한 無의 개념 ·· 61
18　힉스입자 ·· 68
19　析三極無盡本 (혹은 一析三極無盡本) ·· 75
20　天一一地一二人一三 ·· 80
21　一積十鉅無櫃化三 ·· 87

22	天二三 地二三 人二三	90
23	大三合六生七八九	97
24	運三四成環五七	103
25	一妙衍萬往萬來	112
26	用變不動本	118
27	本心本太陽	123
28	昂明人中天地一	127
29	一終無終一	133
30	전체 뜻풀이와 小考	137
31	天地人 圖式化	143
32	천부경으로 본 우주의 3차원적 모델	147
33	천부경적 우주원리는 버블(Bubble)이다	150
34	천부경과 無의 개념	153
35	디지털 방식으로 구성된 천부경	155
36	디지털과 아날로그적 사고가 공존하는 천부경	158
37	천부경은 초고대 문명의 산물인가?	161
38	사후 세계와 천부경	166
39	윤회와 진화	172
40	천부경과 無神사상	179
41	하얀 옷의 DNA	184
42	천부경의 존재가치	190
43	천부경의 명맥	193
44	숨겨진 우리 고대사	197
45	천부경은 왜 우리에게만 전해 오는가?	205
46	우리는 누구인가?	212

---- 머리말 ----

天符經正解
우리겨레의 祕文

　천부경을 처음 접했을 때, 그 내용에 대한 궁금함보다는 어째서 완전하게 풀이된 해석이 없을까 하는 의구심이 더 들었습니다. 내용이 긴 것도 아닌데 시중엔 각기 다른 해석들이 난무하였습니다. 한자에 정통하진 않았지만 81자밖에 안 되는 글이기에 기존에 나와 있는 해석들과 맞춰 보다 덮어 버리길 수차례. 이걸 내가 왜 하고 있는가는 생각에 관심을 끊으려 했지만, 누워 잠들려 하면 떠오르는 게 천부경이었고 어느 순간순간 천부경의 부분들이 해석되기 시작했는데 그 내용에 스스로 소름이 돋아 올라 잠자리를 박차고 기록해 가며 밤을 샌 적도 있습니다. 이렇게만 몇 달이 흐르고 2009년 여름부터 본격적으로 천부경 81자를 해석하여 그해 가을에 급하게 책으로 발간하였으나 졸작이 되었다는 것을 부인할 수 없었습니다. 사람들이 흥미를 갖게끔 나름 재미있어 할 내용도 넣어 보고 별의별 잡다한 생각들을 본문의 중간중간에 집어넣다 보니 천부경 본문에 괜한 흠집만 더한 꼴이 되고 말았던 겁니다. 이에 십 년을 넘게 반성해 오며 언젠가 다시 다듬어 보려 했으나 손이 잘 안 가다가 드디어 다시 정리하게 되었습니다.

이번엔 잡스러운 말은 가능한 없애고 천부경과 연관이 된 부분은 본문 뒤로 정리하여 가능한 한 천부경 본문해석에 흐름이 끊기지 않도록 하였습니다.

다만, 단순히 흥미를 유발하려는 의도는 아니나, 인류사에 있어서 천부경처럼 총 81자로 된 글이 있다는 것은 가히 놀랄 만한 일이기에 이 부분은 서두에 언급해 보려 합니다.

일본 오키나와(沖繩)의 요나구니(與那國) 해저에서 발견된 상형문자가 바로 천부경과 같은 81자로 구성되어 있다는 것입니다. 물론 많은 분이 이미 아시는 내용일 겁니다만, 이것은 진정 너무 신기한 일임이 분명합니다.

요나구니 해저에서 발견된 유적

피라미드 축조를 두고 "외계 기술이 아닌가?"라는 말도 나옵니다. 그도 그럴 것이 피라미드 외에도 볼리비아의 푸마푼쿠(Puma punku) 유적, 태양의 관문(Gate of the Sun), 페루 쿠스코(Cuzco)의 삭사이와만 신전(The Temple Complex of Saksaywaman) 등과 같이 분명히 석기 문명임에도 그 축조기술이나 가공기술의 정밀도는 현대의 레이저를 써야만 가능한 것들로서 이러한 유물들은 도저히 석기시대의 고대기술로만 보일 수 없으며 오늘날의 현대 과학으로도 도저히 풀 수 없는 현상들이기에 외계인을 운운하는 것도 무리가 아닙니다.

그렇다면 이런 것들이 눈에 보이는 유물에만 해당할까요?

그런 식으로 고도화된 유형의 유물 형태와 같이, 지금의 세상보다 더 고도화되어 존재했던 철학이나 사상과 같은 무형의 유물은 없었을까요?

과거 석기 축조기술을 현대 과학이 풀어낼 수 없듯이, 고대로부터 고도화되어 전해 내려오는 철학 혹은 사상 중에도 현세에서 풀어내지 못하는 수수께끼 같은 것이 분명히 존재합니다.

그러한 것 중의 대표적인 것이 천부경입니다.

오죽하면 제가 천부경을 '비문(祕文)'이라고 표현했겠습니까? 고대의 기호화된 모르는 문자로 쓰인 것도 아니고 누구나 알 수 있는 쉬운 한자들로 쓰여 있음에도 그 뜻을 제대로 풀이한 사람을 볼 수가 없었기 때문입니다.

우여곡절을 거쳐 해석한 결과, 상상을 초월하는 고도의 함축적 과학이어서 이것이 고대의 사상이라는 것이 도저히 믿어지지 않을 정도이며, 여기에 담긴 과학의 수준이 신비스러울 따름입니다.

천부경은 이 우주를 먼저 얘기합니다.

이 우주는 세상에서 제일 작은 '있는 듯 없는 존재' 혹은 '없는 듯 있는 존재'에서 시작되고 구성되어 생겨난 '무한대의 버블' 그 자체이며 그 속에서 탄생한 고귀한 열매가 인간임을 밝힙니다.

그리고 언젠가 다시 '있는 듯 없는 존재'로 회귀하고 또다시 생겨나는 무한 반복을 하며 존재하는 것이 우주라고 합니다.

천부경은 진정으로 인류 최초의 가르침이면서 인류에 이미 초고대 문명이 있었음을 보여 주는 증거와도 같은 것입니다.

저는 확신합니다. 천부경은 인류사의 모든 종교, 모든 사상에 영향을 주었다고.

이제 그 신비의 비문인 천부경을 함께 풀어 보도록 하겠습니다.

2021년 2월 21일
김용연

1
천부경과 우리겨레

천부경은 《태백일사》의 〈소도경전본훈〉[1]에 의하면 '천제 한국(桓國)에서 말로만 전해지던 글이니…'라고 최초로 언급이 되었으므로, 한국시대(桓國時代), 한웅시대(桓雄時代), 그리고 단군시대(檀君時代) 2096년간을 더하여 이를 대충 계산하면, 지금으로부터 대략 9천년 전의 글로 추정됩니다.

〈삼성기 전편〉[2]에 桓國의 말기에 안파견께서 위에서 삼위와 태백을 내려 보시며 이르시기를, 모두가 弘益人間할 곳이로다고 하시면서 '… 일찌기 홍익인간의 이념으로써 세상을 바꿀 뜻이 있사오니…'라는 문구와, 《태백일사》[3], 〈신시본기〉에서는 조대기의 내용을 소개하기를, 桓雄께서 무려 3천을 이끄시고… 360여 인간사를 모두 주관하시어, 세상에 존재하시며 다스리고 이치에 따라 가르침을 주시어(在世理化) 널리 인간을 이롭게 한다(弘益人間)고 나옵니다.

---

1 계연수, 《한단고기》, 임승국 역, 정신세계사, 1986, 232쪽.
2 계연수, 《한단고기》, 임승국 역, 정신세계사, 1986, 30쪽.
3 계연수, 《한단고기》, 임승국 역, 정신세계사, 1086, 172쪽.

먼저 말씀드리자면, '천부경'이란 말 자체는 '하늘의 이치' 혹은 '세상의 이치'라는 의미이며 조대기의 내용에서 보시듯이 세상에 존재하시며 다스리고 이치에 따라 가르침을 주시어 널리 인간을 이롭게 하라는 것에서 '이치'란 바로 '천부경'의 이치를 말하는 것입니다.

그러므로 홍익인간은 고대 천부경에서 비롯되어 우리겨레에 있어 천부경을 실천하는 방안이었던 것으로 보입니다.

그런데 우리의 천부경에 대하여 누군가 우리에게 물어본다면 뭐라고 말할 수 있을까요?

2014년 8월 4일자 한국NGO신문에 (사)한배달 박정학 이사의 '〈민족NGO 칼럼〉 하이데거가 아는 '천부경'을 박종홍은 왜 몰랐을까?'라는 기사에 보면, 독일의 유명한 철학자 하이데거(Martin Heidegger, 1889년 9월 26일~1976년 5월 26일)가 1960년대 어느 날 프랑스를 방문했던 서울대 철학과 교수인 박종홍(朴鐘鴻, 1903년 7월 1일~1976년 3월 17일) 박사를 하이데거의 집에 초청하였다고 합니다. 그리고 박종홍 교수를 집에 초청한 이유가 한국인이기 때문이라고 하면서, 하이데거 자신은 無 사상을 동양에서 배워 유명해졌는데 동양학을 공부하던 중 아시아 문명발상지가 한국이라는 사실을 알게 되었다고 합니다.

또한 조선은 세계 역사에서 가장 평화적으로 정치를 하며 대륙을 통치하였다는 것도 알게 되었고, 동양사상의 종주국인 한국인을 존경한다고 하였습니다. 그런데 아직 단군 한배검 님의 천부경을 이해할 수 없다고 하면서 박종홍 교수에게 설명을 요구하였으나, 하이데거의 집에까지 초청을 받은 박종홍 교수는 천부경이나 단군조선이 2천 년 이상 동안 대륙을 통치했었다는 것조차도 모르고 있었으므로 대답을 하지 못하여 부끄러워했다고 어느 강연장에서 실토를 하였다는 내용이 나옵니다.

그 당시, 한국 사람 누구라도 저 자리에 있었다면 과연 하이데거에게 천부경을 설명해 줄 수 있었을까요?

하이데거의 질문을 보면 박종홍 교수가 한국 사람이기 때문에 당연히 천부경을 알고 있었을 것이라고 생각한 반면, 일제강점기 직전인 1903년에 태어난 박종홍 교수는 천부경 자체를 아예 모르고 심지어 단군마저 잘 모르고 있었다고 하는 것을 보면 일본이 얼마나 철저하게 우리의 고대사를 가리고 말살시켜 왔으며 또한 그 후유증이 해방 이후까지도 얼마나 심각하게 이어져 왔는지를 보여 주는 것이라고 하겠습니다.

이제야 겨우 천부경이 우리 민중에게 다시 돌아왔고, 하이데거가 한국 사람이기 때문에 물어봤다고 하듯이 누구나 한국 사람이라면 마땅히 천부경을 모두 알아야 한다고 생각합니다. 만약 죽은 하이데거가 다시 살아나 저에게 천부경이 무엇인지 물으신다면 저는 당당하게 천부경에 대하여 기쁜 마음으로 아주 자세하게 설명하겠습니다.

특히 천부경에 나오는 무(無)의 사상에 대해서만큼은 저는 정말 할 말도 많거니와 그분과 토론하며 많은 것을 주고받고 싶은 마음이 굴뚝같을 따름입니다. 그런 만큼 무의 개념에 대하여 본문에서 열심히 설명해 보겠습니다.

2

天符經
(하늘의 이치)

一始無始一
析三極無盡本
天一一地一二人一三
一積十鉅無櫃化三
天二三地二三人二三
大三合六生七八九
運三四成環五七
一妙衍萬往萬來
用變不動本
本心本太陽
昂明人中天地一
一終無終一

'하늘'을 나타내는 '천(天)'
그리고 '부호, 증표, 예언서, 조짐, 징표, 나타내다, 드러내다, 법,

규율, 들어맞다, 확실히' 등을 뜻하는 '부(符)'

'글, 글귀, 경서, 길, 법, 도리' 등을 나타내는 '경(經)'

군이 해석하자면 '하늘의 원리를 나타내는 글' 혹은 단순히 '하늘의 이치' 또는 '세상의 이치'라는 말로 천부경을 쉽게 말할 수 있습니다.

여기서는 '하늘의 이치'라는 말이 가장 쉽게 천부경을 대변하는 말이라고 생각됩니다.

그러므로 조금 풀어서 '우주의 원리를 나타내는 글' 정도로 천부경을 설명해도 좋다고 봅니다.

본문을 해석하다 보면 왜 우주의 원리를 설명하는지 알 수 있고 그러다 보면 이 글의 초점이 우주나 하늘이 아님을 알 수 있습니다.

그런데 제목은 천부경입니다.

즉, 천부경은 하늘 혹은 우주의 이치를 나타냄이 분명하지만, 그 하늘(우주)의 이치에 따라 탄생한 소중한 결과물이 바로 인간이라는 것을 설명하고 있으며, 그러므로 인간이 얼마나 존귀한가를 하늘의 이치로써 설명합니다.

결국 '인간이 소중한 것'은 '하늘의 이치'라는 것이므로, 비록 이 글이 인간의 소중함을 역설하지만, 그 제목이 천부경이 되는 것은 당연한 것입니다.

3

天符經 숫자들에 감춰진 의미
(기본 숫자 1, 2, 3)

천부경에 처음 나오는 글자는 숫자 1입니다.

본문해설에서 설명해 드리겠지만, 천부경에서는 숫자 1이 하늘을 뜻한다고 나옵니다. 숫자 1의 의미에 대하여 혹자는 하나님이라고 하기도 하지만, 이 글의 본원적인 뜻에 비추어 보면 '우주' 혹은 경우에 따라 '하늘'로 해석함이 가장 적당합니다. 그렇다고 '하늘'이 '신(神)'을 뜻하는 것은 아닙니다.

숫자 2는 땅을 가리킨다고 나오므로 숫자 2는 땅을 나타내며, 숫자 3은 사람을 가리킨다고 천부경에서는 친절하게 설명하고 있습니다.

어떻게 해서 숫자 1, 2, 3이 각각 하늘, 땅, 사람을 의미하는가는 아래 본문해설 부분에서 자세히 설명해 드리겠습니다.

그리고 뒤에서 다시 논의하겠지만, 천부경에는 사람(人)은 나오지만 신(神)이라는 단어는 분명히 나오지 않습니다.

신(神)을 나타내는 단어가 몇 글자로 긴 것도 아니고, 딱 한 단어로 짧게 표현할 수 있음에도 왜 굳이 신(神)이라는 단어를 집어넣지 않았을까요?

 혹시 그 시대에는 신(神)이라는 단어가 없었을까요?

 그렇다 할지라도 후대에 최치원이 다시 옮겨 적는 데 있어서라도 천부경에 신(神)이 있었다면 당연히 집어넣었어야 하지 않았을까요?

 예를 들어 '일시무시일(一始無始一)'이 '신시무시신(神始無始神)'으로 된다든지 아니면 '일적십거(一積十鉅)'가 '신적십거(神積十鉅)'로 된다든지. 이렇게 가능했음에도 그렇게 표현하지 않은 이유는 무엇일까요?

 이것은 분명히 신(神)이라는 단어가 필요하지 않았기에 일부러 집어넣지 않은 것입니다.

 이렇듯, 천부경에는 분명히 신(神)이 없습니다.

 이후에 천(天)이라는 단어가 하늘을 뜻한다고 하여 '하느님'이 되었든, 아니면 단지 한 일(一) 자가 나중에 '하나'에서 '하나님'으로 되었는지는 잘 모르겠습니다.

 하지만 분명히 천부경에는 사람과 하늘은 있되, 하나님은 없습니다.

 단지 한 일(一) 자와 하늘 천(天) 자가 있을 뿐입니다.

 《삼일신고》를 두고 천부경의 해설서로 보시는 분들이 일부 계시나 《삼일신고》는 천부경의 해설서가 아닙니다. 천부경으로 인하여 후대에 파생적으로 나온 글들이 많은데, 그런 종류의 하나이거나 아니면 다른 독립적 개념에서의 글입니다.

 그러다 보니, 뒤에 등장하게 되는 《삼일신고》 내지는 《참전계경》 등을 후대에 천부경과 무리하게 연관성을 지으려 했고, 천부경을 해석함에 있어 《삼일신고》나 《참전계경》에 많이 등장하는 신(神)의 개념을 천부경에 억지로 부여하다 보니까 천부경을 해석함에 있어서 그 무엇인가가 하나님으로 나와 줘야만 천부경과의 연결성을 가질 수 있으므로 그나마 가장 근사한 단어로 '하나(一)' 혹은 '하늘 천(天)'이 나오기 때문에 이 단어들을 '하나님'으로 둔갑시킨 것으로 보입니다.

다시 말씀드리지만, 천부경의 우주에 해당하는 개념이 어느 정도 의인화됨으로 인해서 신(神)적 개념에 가깝게 보일 수는 있습니다.

그리고 '하나(一)'가 나중에 '하나님'으로 혹은 '하늘(天)'이 '하늘님-하느님'으로 변화되었을지는 모르나, 천부경 자체로 신(神)이 등장하는 것은 절대 아닙니다.

분명히 숫자 1이 갖는 의미는 우주와 하늘의 의미뿐입니다.

그리고 천부경을 처음 접하게 되면 몇 개 안 되는 쉬운 한자에도 불구하고 바로 혼돈이 오는데, 이는 숫자 4부터 10까지의 숫자가 나오지만 그 뜻이 무엇인지를 일일이 설명하지 않고 있기 때문입니다.

이상한 일입니다. 남들이 몰라볼 바에 왜 이런 글을 썼을까 하는 의구심이 들기 시작합니다.

그런데도 수없이 반복을 되새기다 보니 그 의미가 차츰 가슴으로 밀려오기 시작하였고, 어느 한순간 이 글 자체에 숨어 있는 의미들이 떠오르는 것이었습니다.

그렇게 저는 풀이를 시작하였고 천부경 자체에 해석의 원리가 담겨 있다는 것을 알아냈습니다.

4
天符經 해석의 대원칙

천부경이 해석이 안 되는 가장 근본적인 이유는 바로 숫자 4부터 10까지의 의미를 풀지 못하기 때문입니다.

여기서 한 가지 의문을 제기해 봅니다.

과연, 천부경을 지으신 분께서 각 숫자들의 의미를 다른 곳에 따로 적어 놓고 천부경을 만드셨을까요?

저는 결코 그럴 리 없다고 생각합니다.

반드시 천부경 안에는 모든 숫자의 답이 다 들어 있다고 생각했고 또한 반드시 그래야만 한다고 확신했습니다.

천부경이 워낙 중요한 내용이라 가능한 간략하고 함축적으로 쓰인 것으로 생각되며 그래야 모든 책이 다 불살라지더라도 천부경의 내용이 구전되든 아니면 한 장의 종이로 남든 간에 그 의미가 어떤 형태로든 후대에 고스란히 전달되기 쉬우며 또한 반드시 그렇게 되어야 하기 때문입니다. 마치 대대로 내려오는 가훈이나 교훈 등이 길지 않은 이유와 비슷하다고나 할까요.

리처드 파인만(미국 물리학자, 양자역학 연구로 1965년 노벨상

수상)은 인류가 거의 멸망하여 지구상에 몇 명 안 남은 마지막 인류에게 인류의 재건을 위하여 가장 필요한 단 한마디의 조언이 있다면 그것은 "세상의 모든 것은 원자로 되었다"라는 말이라고 합니다. 이렇게 볼 때, 리처드 파인만이라면 그가 하고 싶은 바로 이 말을 남들이 못 알아듣는 어려운 말을 써 가며 후대에 전달하고 싶었을 리가 없을 것입니다.

마찬가지로 천부경이 고구려와 신라로 전해지면서 후대 최치원에 의해 한자로 옮겨 적혀지긴 하였으나, 녹도의 원문이든 아니면 한자로 옮겨진 천부경이든 간에 사람들이 전혀 이해하지 못할 글로 써 놓았을 리가 없을 것이라는 생각이 들었습니다.

옛날 사람들이 천부경을 공부한다고 한번 생각해 보겠습니다.

숫자 1, 2, 3이 나타내는 바는 이미 나와 있으며, 4부터 10까지의 의미가 뭐라는 것을 설명만 할 수 있다면, 굳이 다른 해설서 없이 윗대에서 말로만 설명해 줘도 충분히 후대에 천부경의 풀이가 전달되는 것에 전혀 문제없었을 것입니다.

만약 여러분이 이렇게 중요한 내용을 지닌 천부경 같은 글을 만든 사람이라면, 그 뜻을 후대에 제대로 전달시키기 위해 따로 다른 해석의 글을 만들어 적어 놓거나 또 다른 해설서를 봐야만 이해할 수 있게 하진 않았으리라는 것이 저의 생각입니다.

그것은 지금 이 시대도 마찬가지입니다.

어떤 작가도 자기가 쓴 책을 이해시키기 위해서 또 다른 해설서를 만드는 경우는 극히 드물기 때문입니다.

물론 저도 각 숫자의 숨은 뜻을 찾아내는 것이 쉽진 않습니다. 천부경이 워낙 짧은 글이지만, 함축적으로 모든 뜻을 다 담고 있는 완벽한 문장이라는 확신을 갖지 않았다면 저 역시도 천부경 풀이는 요원했을 것입니다.

결국 이렇게 쉽게 풀릴 수 있다는 것에 저 자신이 놀랐으며, 이렇게 짧은 글로 온 우주를 설명할 수 있다는 것에 다시 한번 더 놀랐습니다.

그래서 저는 천부경이 더더욱 위대해 보입니다.

"너는 어디에서 왔느냐?" 이런 질문 많이 하시죠?

특히 불교에서 많이 하는 질문입니다.

그리고 "너는 어디로 가느냐?" 이런 질문까지.

이 질문은 개인에게 혹은 사람에 관해 묻는 말이지만, 만약 우주를 가리켜 "이 우주는 어디서 와서, 어디로 가느냐?"고 묻는다면, 누군들 제대로 대답하겠습니까?

천부경은 바로 이 우주에 대한 질문의 대답과 함께, 사람에 대한 답변까지 함께하고 있습니다.

이제, '천부경은 그 자체로 완벽한 글'이라는 차원에서 해석의 전제를 만들어 보겠습니다.

천부경을 해석함에 있어 자체해석이 안 된다고 하여 엉뚱한 의미를 외부에서 끌어오거나 혹은 천부경을 넘어서서 오버하여 해석하는 것도 본래의 뜻이 변질되므로 당연히 안 됩니다.

천부경은 그 자체로 완벽한 문장이므로 반드시 모든 의미는 천부경 안에서 찾아야만 제대로 된 풀이가 가능한 것입니다.

천부경에서 구체적으로 그 의미를 밝힌 숫자는 1, 2, 3밖에 없습니다.

그런데 언뜻 보기엔 나머지 4, 5, 6, 7, 8, 9, 10이 아무런 의미 없이 그냥 나열되고 있다는 것은 참으로 아이러니가 아닐 수 없습니다.

또 한편으로 아무리 생각해도 그냥 막연하게 숫자를 나열해 가면서 뜻을 실어 담았을 리가 만무해 보입니다.

그러므로 4에서 10까지의 숫자들도 천부경 안에서 해결이 됨을 전제로 할 때, 숫자 4 이후의 숫자들은 결국 숫자 1, 2, 3의 조화로 혹은 그 숫자 자체가 지니고 있는 고유한 의미로써 그 실체가 밝혀져야만 한다는 대명제가 성립되는 것입니다.

이 말은 1, 2, 3이나 10처럼 자체로 고유의 의미를 지니고 있는 경우는 몰라도, 숫자 4에서부터 9까지는 단순히 숫자를 나타내는 뜻 이외에는 특징을 갖는 다른 고유의 의미가 없으므로, 이미 그 뜻이 확실히 정해져 있는 숫자 1, 2, 3의 의미를 조화시켰을 때 비로소 생겨나는 각 숫자의 고유한 의미를 파악할 수 있는 원리인 것입니다.

이 글을 만든 분께서 애초부터 하늘과 땅과 사람을 굳이 숫자 1, 2, 3으로 표현한 의도는, 바로 숫자라는 특징을 이용하여 상호 간 조화시켜 다음의 숫자들을 파악하라는 의도로 보였습니다. 그렇게 4, 5, 6을 알아냈습니다.

이런 식으로 원리 차제는 상당히 단순합니다.

1, 2, 3으로 4, 5, 6을 파악하고, 같은 원리로 4, 5, 6을 이용하여 7, 8, 9를 파악합니다. 또한 뜻의 중복을 피하기 위하여 같은 숫자의 반복을 피해야 하며, 더욱 중요한 것은 숫자 1, 2, 3 중 가장 중요한 수가 숫자 3이므로 '3'은 천부경 해석의 중심이며 기준 수로써 4부터 9까지의 모든 수에 적용된다는 것이 본 천부경 해석의 대원칙인 것입니다.

5

숫자 3이 해석의 기준이 되어야 하는 이유

숫자 1, 2, 3의 조화로 아직 밝혀지지 않은 숫자 4 이후 9까지의 숫자를 풀이해야 하며, 또한 조합하는 숫자들의 중복을 피해야 뜻의 중복을 피할 수 있게 됩니다.

또, 천부경 해석에 있어 1, 2, 3 이후에 나오는 숫자의 해석에는 반드시 숫자 3을 넣어야 하는데, 그 이유는 천부경 자체가 사람을 위한 글이므로 모든 숫자의 해석에는 사람을 상징하는 숫자 3이 반드시 해석의 기준이 되어야 하는 것입니다.

예를 들어 4라는 숫자가 있을 때 숫자 4를 만들어 내는 조합으로 '3+1'이 있고 또 '2+2'도 있습니다. 이 둘의 합계는 모두 다 '4'로 됩니다.

그러나 이 두 가지 경우를 모두 인정하게 되면 4의 의미가 두 개가 되는 것입니다. 물론 '1+1+2'의 형태 등도 있을 수 있습니다.

그렇게 되면, 전체 문장은 해설에 있어 한 문장으로 두 가지 이상의 다른 뜻이 나오게 되며, 만약 숫자 10까지 그러한 현상이 계속 일어날 경우, 전체 문장으로 보면 수없이 많은 해석이 나타나게 되므로 해석의 의미가 없어지게 됩니다.

그러므로 전체 문장의 해석을 위해서라도 숫자 하나가 비록 비슷한 의미를 갖는 두어 개의 뜻을 가질 수는 있으나, 전혀 다른 의미를 내포하는 두 가지 이상의 의미를 갖는 것은 있을 수 없습니다.

그래서 천부경의 원리를 알고 있으면 어떤 숫자가 풀이의 핵심이 되는지 확실해집니다.

비록 숫자 3(사람)이 숫자 1(우주)과 숫자 2(땅)로부터 비롯되어 늦게 탄생하였다 할지라도, 천부경의 핵심사상이 '사람'이므로, 4에서 9까지의 각 숫자를 해석하는 데 있어서 모든 숫자 조합의 중심은 인간을 상징하는 숫자 3이 되어야 합니다. 그리고 해석의 맨 앞에 등장하여야 합니다.

그래서 숫자 4의 경우 해석은, '2+2'의 형태가 아닌 '3+1'의 형태에서 해석이 되어야 하는 것이 원칙입니다.

그래서 그런지 천부경을 고대로부터 간직해 온 한국 사람들이 유난히 숫자 3을 좋아하는 이유도 여기에서 유래된 것이 아닌가 하는 생각이 들 정도입니다.

우리나라에서는 '천지인'과 '천부인'도 각 3개고, '삼족오'도 다리가 3개 달려 있고 우리네 전통 그릇에도 유난히 발이 3개 달린 그릇들이 많은 등, 우리 역사의 기록에 유난히 숫자 3이 많이 나옵니다.

우리는 일상생활에서도 그냥 말버릇처럼 하는 말로 '복삼'이라든지, '삼세번', '술이 석 잔' 등 이루 말할 수 없을 정도로 모든 좋은 뜻을 숫자 3으로 표현하는 것이 많습니다.

　천부경의 핵심 사상은 인간 본위이며, 사람(3)이 우주의 가장 귀중한 결과물이라는 내용이 나옵니다. 그러므로 천부경에서 '사람'을 상징하는 숫자 3은 모든 숫자의 대표 숫자이자 기준이 되는 수라서 그런지, 이렇듯 오랫동안 한국 사람들이 숫자 3을 좋아하는 이유는 천부경의 가르침에 따라 숫자 3을 귀하고 복되게 여기는 생각이 예로부터 우리겨레의 뼛속에 깊이 새겨져 흐르면서 일상에 녹아든 결과인 것으로 보입니다.

　정리하건대, 천부경에서 가장 중요한 숫자는 사람을 상징하는 숫자 3이며, 본 천부경 해설에서 다른 모든 수의 의미를 알아내는 기준이므로 숫자 3 이후에 나오는 수들의 해석은 반드시 중심 숫자 3이 맨 앞에 들어간 상태에서 파자되어 해석될 수 있는 것입니다.

6
숫자 3이 해석의 기준이 될 수밖에 없는 이유

앞에서는 숫자 3이 천부경에 나오는 숫자들의 해석 기준이 되어야 하는 이유를 알아봤습니다.

그런데 숫자 3이 해석의 기준이 될 수밖에 없는 이유가 또 있습니다.

앞에 '1, 2, 3의 중복을 피하라'는 원칙이 있었습니다. 이 원칙을 적용하여 숫자 4와 5와 6까지를 만들어 갈 경우, 숫자 3은 수학의 원리상 저절로 들어갈 수밖에 없습니다.

이 말은 어쨌든 인위적이든 당위적이든 반드시 숫자 3이 해석의 기준에 있다는 것입니다.

다시 숫자 4의 경우를 예를 들겠습니다.

1과 2와 3의 숫자를 조화로 숫자 4를 만들 수 있는 방법은 '3+1'의 형태로 딱 하나밖에 없습니다. '1+3'은 3이 뒤에 나오므로 안 되며, '2+2'는 중복이므로 안 되므로 해석의 원칙으로는 '3+1' 하나만 가능합니다. 그러므로 1, 2, 3의 중복을 피해야 한다는 원칙하에 숫자 4를 만드는데 숫자 3이 수학의 원리상 반드시 들어가야 합니다.

마찬가지로 숫자 5를 중복을 피하여 1과 2와 3을 이용하여 만들 수 있는 방법은 딱 하나, '3+2'밖에 없는 것입니다. 결국 숫자 3이 반드시 들어가는 구조입니다.

그리고 숫자 6은 '3+1+2'가 되거나 혹은 '3+3'으로 아니면 '1+1+2+2'도 되겠지만 중복을 피해야 한다는 원칙으로 보면 '3+1+2'의 한 가지 형태만이 숫자 6을 의미하는 것이 됩니다. 마찬가지로 숫자 3이 반드시 들어갑니다.

이렇게 4에서 6까지의 공통점을 보면, 각 숫자를 더함에 있어 우연히 혹은 일부러건 아니건 간에 어쨌든 저절로 숫자 3을 반드시 포함하게 되어 있다는 사실입니다.

물론 극히 당연하다고 볼 수 있지만, 무조건 숫자 3이 포함된다는 것을 거꾸로 보면, 무조건 숫자 3을 모든 해석에 포함하라는 천부경을 만든 저자분의 주문이자 지침이기도 하다고 저는 느꼈습니다.

그러므로 이것은 천부경에서 숫자의 원리를 파악함에 있어서 제게는 아주 중요한 단서가 되었던 것입니다.

단적인 예로서, 숫자 6이 되기 위해서는 숫자 3을 맨 앞으로 반드시 포함하되, 중복이 되지 않게 '3+1+2'로 하라는 것입니다. 이를 두고 '3+3'이나 '2+2+2' 이런 식으로 하지 말라는 해법을 천부경이 알려 주고 있는 것입니다.

나중에 본문해설에 다시 소개해 드리겠지만, 대삼합육생칠팔구(大三合六生七八九)에서 1, 2, 3이 합쳐져 6이 된다는 문장만 보아도 천부경의 해석 원리를 알아챌 수 있습니다.

이로서 천부경 해석의 대원칙은 숫자 3 이후 나오는 각각의 수를 파악함에 있어서 사람을 나타내는 숫자 3이 반드시 결부되어 있어야 하고, 동시에 같은 숫자의 중복을 피하라는 것입니다.

결국, 천부경을 어떻게 해석해야 한다는 대원칙마저도 천부경은 본 문장 자체에서 해법을 명확히 제시해 주고 있었다는 놀라운 사실을 알아냈습니다.

그리고 이 대원칙을 이용하여 숫자 4부터 해석을 해 나아가 보겠습니다.

1
숫자 4의 의미

분명히 위에 대원칙으로 언급하였듯이 4라는 숫자는 3과 1의 조화입니다.

4=3+1

4는 '3+1' 형태의 의미로, 사람(3)에게 우주(1) 혹은 하늘(1)의 기운을 조화시킨다는 의미입니다. 여기서 연상되는 것이 있으신가요?

탄생을 위한 혹은 탄생을 앞둔 사람에게 하늘이 첫 번째로 부여하는 것이 무엇일까요? 즉, 사람과 우주 혹은 하늘과의 첫 만남이 무엇을 의미하는가가 바로 숫자 4의 의미인 것입니다.

하늘이 사람에게 부여하는 첫 번째는 바로 혼을 불어넣어 생명을 탄생시키는 것입니다. 어찌 보면 성경 속의 한 장면이 연상되기도 합니다.

그러므로 숫자 4는 바로 '혼(魂)'이며 '생명(生命)'을 의미하는 것입니다.

우리말로 '넋'이라고도 합니다만, '넋'이라는 의미는 일반적인 느낌으로는 마음이나 정신의 뜻이 더 강하다고 보이므로, 저는 이 '혼'이라는 낱말을 '생명'이라는 의미로 같이 여기고 싶습니다.

그리고 굳이 좀 확대 해석을 하자면, 숫자 4는 '기(氣)'라는 표현도 상당히 일리 있다고 느껴지며 이 경우 영어로 'Energy' 정도로 표현이 가능하리라고 봅니다.

그리고 발음상으로도 '넋'은 4를 의미하는 '넉(넷)'과 같은 음을 지닌 것도 단순한 우연만은 아닌 것 같습니다.

8

숫자 5의 의미

5=3+2

천부경의 숫자에서 보듯이 1은 우주 혹은 하늘이고, 2는 땅이며, 3은 사람입니다.

본문에서 더 자세히 해설하겠지만, 인간의 탄생에는 하늘과 땅이 지대한 역할을 합니다.

하늘이 생명을 불어넣어 주었다면 땅은 인간에게 몸을 주는 것입니다.

즉, 사람(3)에게 땅(2)의 의미를 부여함은 사람에게 몸뚱이를 부여함을 말하는 것이므로, 숫자 5는 인간의 육체를 의미하는 것이 됩니다.

예부터 오체(五體)라 하여 사람의 머리, 몸, 양팔, 양다리 이렇게 다섯 군데로써 숫자 5가 인간의 육체를 상징함에 어울리는 수로 사용이 되었던 것 같습니다.

그래서 숫자 5는 인간의 육신(몸)을 의미합니다.

9

숫자 6의 의미

　위에 제시한 해석의 원칙에는 1, 2, 3의 조합으로 수를 파악함에 있어 같은 숫자를 반복하는 것은 안 된다고 하였습니다. 그러므로 숫자 6은 사람(3)에게 하늘(1)과 땅(2)을 부여한 형태이든지 아니면 사람(3)에게 하늘(1)과 땅(2)이 같이 있는 상태인 것입니다.
　다시 말해, 사람과 함께하고 있는 하늘과 땅이 숫자 6의 의미가 되는 것입니다. 이렇듯 사람과 함께 있는 하늘과 땅은 바로 우리가 살고 있는 이 세상을 말합니다.
　그것 말고 딱히 다른 게 없어 보입니다. 사람과 조화를 이루고 있는 하늘과 땅은 바로 우리가 살고 있는 이 지구 혹은 이 세상 그 자체입니다.
　즉, 이렇게 숫자 6은 '3+1+2'의 조화로 보는 것이 맞고요, '3+3'은 숫자의 중복이므로 원래 천부경적 해석이 아닙니다. 하지만 여기서만큼은 좀 예외적으로 흥미로운 부분이 있어서 '3+3'의 의미를 한번 짚고 넘어가 보고자 합니다.
　'3+3'은 '인간+인간'을 의미합니다.

이것은 한자에서는 '사람 人'의 의미로 '인간 세상(人間世上)'이라고 합니다.

이는 즉 인간과 인간이 같이 있는 곳을 의미하므로 이 또한 세상을 의미하긴 하지만, 이는 천부경이 말하는 하늘과 땅과 인간이 공존하는 세상이 아닌 보통 인간과 인간이 있는 '인간 세상'을 의미하는 것입니다.

이런 의미로 보아도 숫자 6이 나타내는 '세상'을 '3+3'같이 단순히 인간과 인간이 조화를 이룬 것으로 보는 것은 천부경적이지가 못한 것입니다.

천부경에서 말하는 '세상'이란, 태양도 있고 하늘도 있고 구름도 있고 땅도 있고 식물과 각종 동물이 공존하는 그렇게 조화를 이루는 모든 것이 포함된 것을 두고 세상이라고 말하고 있습니다.

그래서 이 숫자 6은 3이 1과 2와 함께 조화를 이루고 있는 우리가 살고 있는 현세의 이 세상을 가리키고 있습니다.

한 가지 더 말씀드리자면, 이 숫자 6을 가리켜 천부경을 만드신 저자는 노골적으로 '대삼합(大三合)이 되어 6(六)이 되었다'고 천부경 본문에서 아주 잘 설명해 주고 계십니다.

즉, 이런 방식으로 천부경을 해석하라는 저자의 또 다른 중요한 지침이라는 것을 간과하지 말고 알아차려야 합니다.

대삼(大三)이라는 것은 큰 분류로써의 세 가지인 하늘, 땅, 사람이고 하늘과 땅과 사람이 합쳐져서 육(六)이 되었다는 말로, 이는 1+2+3이 되어 6이 되었다는 것을 의미하는 것이지요.

결국, 하늘과 땅과 사람이 같이 공존한다는 것을 의미하는 숫자 6은 우리가 사는 현실 세계로서의 이 세상(世上)을 의미하는 것입니다.

10

숫자 7의 의미

7=3+4

앞에서는 4, 5, 6의 의미를 알아내기 위하여 1, 2, 3을 이용하였으며, 천부경의 중심이 되는 숫자 3이 기준이 되어 항상 해석의 맨 앞에 등장을 시키는 대원칙에 의하여 해석하였습니다.

같은 원리로 앞에 4, 5, 6을 이용하여 뒤에 오는 7, 8, 9를 해석하되 반드시 숫자 3이 앞에 들어가야 합니다.

그러므로 숫자 7은 '3+2+2'처럼 2를 두 번 넣거나, '3+1+3'처럼 3이 두 번 들어가는 것은 중복이므로 원칙에 어긋나며, 특히 7, 8, 9를 해석함에는 4, 5, 6을 이용하여야 하므로, 처음에 나오는 1, 2, 3을 이용하는 것도 원칙에 어긋납니다. 다만 숫자 3은 천부경의 중심사상이자 기준 수이므로 계속 등장하는 것입니다.

그래서 7의 구성은 '3+4'만이 성립 가능합니다.

인간에게 하늘의 기운이 더해지는 의미를 지닌 숫자 4는 '생명'을 의미한다고 하였습니다. 그렇다면 '3+4'를 풀이하여, 사람(3)에게 생명(4)을 조화시키는 의미는 무엇일까요?

생명이 있는 사람을 한번 상상해 보겠습니다. 그리고 사람이 살아만 있다는 것을 전제로 두 가지의 경우를 생각해 보겠습니다.

하나는 생명만 붙어 있는 사람이 그냥 눈만 뜨고 있는 상황이고, 또 하나는 사람이 뜬 눈을 조금이나마 움직이는 상황인데요, 이 둘의 차이가 무엇일까요?

생명만 붙어 있고 움직임이 없는 사람은 일반적으로 탄생보다는 죽음 쪽을 향하고 있는 경우입니다. 반면, 눈동자가 조금이라도 움직인다는 것은 '의식'이 깨어나는 상황이며, 동시에 몸(3)에 생명(4)이 결합하여 새로운 생명이 탄생한다는 것을 알리는 움직임인 것입니다.

그러므로 이 두 상황의 차이는 바로 '의식'이 있고 없고의 차이입니다. 그리고 이것이 숫자 7을 의미하는 것입니다.

생명(4)이 몸(3)에 들어와 새로운 생명이 탄생하는 것이므로 이것은 의식이 깨어나는 것이며 생각이 시작되어 사람의 마음이 형성되는 것입니다. 이러한 일련의 의미들 모두를 숫자 7로 보면 됩니다.

물론 혼수상태에서도 의식이 있다는 말은 있으나 거의 무의식에 가까우며 또한 혼수상태는 삶과 죽음의 경계 선상이므로 여기서는 논의할 수 없는 것이라고 봅니다.

손가락이라도 반응을 하든지, 아니면 눈이라도 움직인다는 것은 바로 '의식'이 있음을 의미하고 있기 때문입니다.

다시 말씀드려, '사람(3)'에게 '생명(4)'이 더해졌을 때 비로소 사람은 '의식, 정신, 생각, 마음(7)' 등을 갖게 되는 것입니다.

그러므로 숫자 7의 의미는 '의식'이며, 의식이 깨어났다는 것은 '정신이 들었다'와 같은 의미로 쓰이며, 또한 정신이 들었다는 것은 '생각'을 할 수 있다는 것이고, 생각의 다른 의미는 '마음'이 되는 것입니다.

한자로는 '정(情)'으로 표시할 수도 있고 좀 더 나아가 '의지'라고도 할 수 있습니다.

그런데 이상하게도 인간에게는 자연의 법칙을 따르기보다는 자기 마음대로 움직이는 경향이 있습니다. 이것은 인간에게 본능을 초월하는 '자율 의지'라는 것이 있기 때문이지요.

인간은 자신의 의지로 자살하기도 하고 남을 죽이기도 하지만, 반대로 자기 자신을 희생해 가면서까지 심지어 남을 돕기 위한 행동을 하기도 합니다.

그리고 이러한 행동을 하게 하는 마음의 밑바탕에는 감정이라는 것이 존재하고 있습니다.

어떠한 슬픔이나 분노가 있어서 죽음을 택하기도 하고, 혹은 큰 감동을 받았을 때 자신을 희생하기도 하지요.

즉, 인간에게 있어서 이러한 극단적인 행위가 나타나는 이유는, 감정에 의하여 본능을 초월하는 기능인 '자율 의지'라는 것이 있기 때문입니다.

다시 정리하자면, 사람(3)에 생명(4)이 더해져 나온 숫자 7의 의미는 '마음, 생각, 뜻, 정, 의식, 의지, 감정'이며, 좀 강조해서 표현하자면 사람에게 적용하여 '자율 의지'라는 표현으로까지 숫자 7을 의미한다고 보겠습니다.

  논리의 비약으로 보일 수도 있으나, 숫자 7을 보건대, 예부터 칠정(七情)이라고 하여 인간의 일곱 가지 감정으로 '희(喜), 노(怒), 애(愛), 락(樂), 애(哀), 악(惡), 욕(欲)'을 가리키고 있는 것도 우연일지는 몰라도 숫자 7이 사람의 감정을 나타내는 숫자와 맞아떨어지는 연관성이 그냥 우연은 아니게 느껴지는 것이 아마도 고대부터 숫자 7이 마음이나 감정을 나타내는 숫자였기 때문일 수도 있다는 생각을 해 봅니다.

11

숫자 8의 의미

8=3+5

숫자 8 역시도 1, 2, 3의 조합으로 탄생한 4, 5, 6을 이용하여 7, 8, 9를 해석하는 대원칙에 의하되, 천부경의 중심사상이며 기준 숫자인 숫자 3을 맨 앞으로 놓으면 '3+5'가 됩니다.

그랬을 경우, 숫자 8은 사람(3)+사람의 육체(5)가 됩니다.

즉, 사람에 인간의 육체를 더하는 격이 되는 것이지요.

뭘 의미하는 것일까요?

사람에다가 몸뚱이 하나를 더 부여한다는 것인데요, 이것은 마치 아담에게서 갈비뼈 하나가 떨어져 나와 여자가 탄생했다는 성경의 문구가 느껴지지 않으시나요? 한마디로 사람에 사람이 하나 더 생기는 형태 말입니다.

이렇게 숫자 8의 의미는 사람(3)에다가 사람의 육체(5)가 조화된 모습입니다.

마치 사람 '人'을 파자하면 사람끼리 서로 기대고 있는 모습이 나타나듯, 여덟 '八' 자 역시 사람(3)과 사람(5)이 서로 어울려 있는 모습을 하고 있는 것입니다.

그 사람이 자신의 배우자이건 아니면 자식이건 아니면 이웃이건 간에 자신 옆에 또 다른 누군가가 생겨난 것을 의미하는 것입니다.

사람 옆에 사람이 보이는 모습을 상상해 보세요.

이 상황이 어떤 식으로 보이시는지요?

움직이는 사람들이 느껴지시나요?

사람 옆에 사람이 등장함은 비로소 인간의 살아가는 모습들이 나타나기 시작하는 것입니다.

즉, 숫자 8은 인간 세상 속에서 살아가는 사람의 '삶'을 의미한다고 봅니다.

여태까지 숫자들의 해석을 과정별로 보면, 사람이 하나하나 만들어져 가는 순서가 보이실 겁니다.

하늘(1)과 땅(2)이 있어, 사람이 나타나고(3), 생명을 얻고(4), 몸이 생기고(5), 세상이 있고(6), 마음이 생겼으니(7) 그러면 다음 숫자 8은 무엇이 되어야 할까요? 이런 순서만 보더라도 다음에 나올 것은 사람이 몸을 움직여 살아가는 것이 되는 것입니다.

사람에 몸이 더해졌다는 의미는 군중을 의미하기도 하고요, 사람이 사람 사이에서 움직이는 것은 '사람이 살아가는 것' 그 자체를 의미하게 되는 것입니다.

소위 '인생'이라고 표현해도 괜찮아 보이고요, 개념적으로 설명해 드리자면, 사람이 사람들 사이에서 살아가는 모습 그 자체를 말하는 것입니다.

  숫자 8을 아주 광범위하게 인간이 사는 세상으로까지 굳이 확대 해석을 한다면, 이것은 오직 인간들이 사는 세상 그 자체를 말하는 것입니다.

  이는 하늘과 땅의 개념이 제외된 것으로, 오로지 사람과 사람이 부대끼고 희로애락을 느끼며 살아가는 인간의 인생만을 말하는 세상을 의미하는 것이므로, 먼저 설명해 드린 숫자 6이 말하는 '세상'의 의미와는 많이 다른 것입니다.

  게다가, 우연일 수도 있으나 숫자 4가 생명의 탄생을 나타내는 말에 사용이 되고 숫자 8이 인생을 나타내는 말에 사용이 되는 것으로 사주팔자(四柱八字)라는 것이 있습니다.

  사주(四柱)가 태어난 시간을 의미하는 생명 쪽을 나타내는 것이라면 그 사주(四柱)에서 천간(天干)과 지지(支持)를 표현하는 여덟 글자의 의미로서 '팔자(八字)'는 예부터 그 사람의 '일생'을 나타내는 인생의 대명사로 불렸습니다.

  굳이 의도적으로 연관을 시킨다는 것보다는 우연일지라도 4와 8의 숫자가 하필 그렇게 연관된 의미에 사용이 되었다는 것도 주지할 만하다고 생각이 됩니다.

12

숫자 9의 의미

(1) '9=3+6'의 의미

① '9=3+6'에서 '3'에 중심을 두고 '6'을 풀이한 해석

해석의 대원칙에 따르면, 숫자 9는 '3+6'으로 해석하는 것이 맞습니다.

그리고 이것을 그대로 해석하자면, 인간(3)과 동떨어져 있는 세상(6)의 의미가 숫자 9를 나타내고 있는 것입니다.

다시 말해, 3+6에서 숫자 3이 항상 앞에 나오며 이것이 중심이 되므로 숫자 3은 '현실계에 존재하는 사람'을 의미한다고 볼 때 '3'과 분리되어 떨어져 있는 숫자 6은 현실계가 아닌 또 다른 세상(6)을 가리키는 것이므로 그곳은 바로 죽음 뒤의 세계인 '저승'을 의미하고 있는 것입니다.

이런 견지에서 좀 더 광범위하게 보자면, 숫자 9는 저승의 뜻 외에도 죽음 자체를 나타낼 수도 있고 생의 마지막을 의미한다고도 볼 수 있습니다.

② '9=3+6'에서 '6'에 중심을 두고 '3'을 풀이한 해석

그런데 좀 변칙적으로 '3+6'의 형태에서, '3'이 중심이 아닌 '6'을 중심으로 보아 '6'이 정상적인 현실의 세상이라고 간주할 경우엔, 숫자 3은 '6'이라는 현실 세계 이전의 사람을 가리킵니다. 그러므로 '9=3+6'의 형태에서 '6'이 중심이 되어 '3'을 바라보면 이것은 태어나기 이전의 사람, 즉 태아 혹은 탄생 이전의 사람이라고 말할 수 있습니다.

(2) '9=6+3'의 의미

이렇게 숫자 9는 해석의 대원칙을 떠나 몇 가지의 다른 관점에서 여러 가지로 해석되는 것에 흥미로운 점이 있어 조금 더 알아보겠습니다.

① '9=6+3'에서 '3'에 중심을 두고 '6'을 풀이한 해석

여기 숫자 3은 현세의 살아 있는 사람(3)으로 '3'을 중심에 두고 본 다른 세상(6)은 '현세 인간 이전의 세상'이 됩니다. 즉, 사람이 태어나기 전의 세상을 말합니다. 죽음 이후의 저승이라는 개념과 완전히 반대되는 개념처럼 보이기도 하지만 이 두 개의 '세상'은 궁극적으로 같이 연결이 된 세상입니다.

② '9=6+3'에서 '6'에 중심을 두고 '3'을 풀이한 해석

'6'을 먼저 앞에 놓고 바라본 '3'은 현재의 세상(6)과 동떨어져 있는 사람(3)이 존재하는 형상을 하고 있는 것입니다. 즉, 죽은 사람으로 저승에 존재하는 사람입니다.

(3) '9=3+6'과 '9=6+3'의 의미 비교

이 둘을 비교하기 전에 분명히 해석의 대원칙에 의하면 '9=3+6'이 원칙이며 숫자 9는 저승, 죽음, 마지막 등을 의미하는 것으로 하겠습니다.

그런데 유난히 이 '9'라는 숫자에 연연하는 이유는 본문에 따로 더 소개하겠지만, 여러 가지 각도에서 보니 '9'라는 한 개의 숫자 자체로 천부경에 나오는 윤회의 사이클이 보여서 그렇습니다.

숫자 9를 이렇게 다양한 시각으로 보니까, 숫자 9는 죽음 이후의 세상과 탄생 이전의 세상을 동시에 가리키는 것으로 보이며, 또한 죽음 이후의 사람이나 태어나기 이전의 사람을 동시에 가리키는 이러한 모든 의미가 '9'라는 숫자 하나에 다 담겨져 있다는 것입니다.

그렇다면, 그 두 세계는 숫자 9로 표현되어 같은 개념으로 같은 세계가 된다는 논리가 성립합니다.

이렇게 보니, 결국 사람이 죽으면 저승 세계로 가고 그 저승 세계가 다시 태어나는 세계와 같은 것이 되므로, 인간은 죽으면 다시 태

어나는 세상으로 가게 되어 죽음은 결국 재탄생을 의미하게 되고, 결국에 인간은 죽음과 재탄생의 과정을 되풀이한다고 함축적으로 설명하고 있는 것이 바로 숫자 9입니다.

 이런 견지에서 저승이라는 곳을 꼭 사람이 죽어서 가는 곳으로만 단정 지을 것이 아니라, 새로 태어나게 될 사람이 대기하는 곳으로까지 얘기하고 싶습니다.

 그리고 이렇게 해석해 놓고 보니 天地人의 각 특징이 또다시 보입니다.

 '天'은 우주 그 자체로서, 태양, 구름, 땅, 인간과 동식물 등 모든 것이 '天'이라는 공간 속에 존재하는 것으로, '天'은 그 자체로서 영원한 존재인 것이며,

 '地'는 '天' 안에서 일정 궤도를 돌기도 하고 움직이기도 하며 '人'과 모든 생물의 탄생을 잉태하는 영원한 존재이며,

 '人'은 살아서는 '地' 위에서 존재하고, 죽어서는 '天'에서 존재하는 형태로 계속 순환하는 영원한 존재인 것입니다.

 그러므로 天地人 모두 영원불멸(永遠不滅)의 존재가 되는 것입니다. 즉, 천부경에서 말하는 析三極無盡本이므로 3극 天地人은 모두 근본적으로 영원할 수밖에 없는 것입니다.

 천부경에서 말하는 숫자 9의 고유한 의미는 위에 설명해 드린 대로입니다. 그리고 고대 천부경에 나오는 숫자 9의 개념이 후대로 유래가 된 것인지 모르나 하여간 우리는 생활에서 숫자 9를 저승의 의미와 마지막의 의미로 사용하고 있습니다.

그래서 숫자 9를 보건대, 예부터 인생의 마지막인 죽음 혹은 저승을 나타내는 숫자로도 숫자 9가 많이 사용되어 왔습니다.

먼저 구천(九天)이라는 단어가 있습니다.

이는 여러 하늘 중에서도 가장 높은 마지막 하늘의 뜻을 가지고 있는데, 이것 역시 궁극적으로 죽음 이후의 세계를 의미하고 있습니다. 또한 불교에서는 구천(九泉)이라 하여 땅속 깊은 밑바닥이라는 뜻으로 구천지하(九天地下)라고도 하는데 그 의미는 죽은 뒤에 넋이 돌아가는 곳이라고 합니다.

9라는 의미가 이토록 구천(九天) 등과 같이 연관된 단어에 쓰이는 것이 참 신기한 우연인 것 같지만, 앞에도 언급했듯이 '7정', '4주 8자', '9천' 등 이렇게 내려오는 오래된 사상들이 이토록 천부경에서 의미하는 숫자들과 뜻의 연관성을 갖는 것을 보면, 과연 시조 사상인 천부경에서 전혀 영향을 받지 않았다고 주장할 수도 없을 것 같습니다.

13
___
숫자 10의 의미

숫자 10은 그냥 한자 사전을 찾아보면 그 자체 의미로 '전부(全部)'라는 뜻을 가지고 있습니다.

숫자 4부터 9까지가 인간을 표현하는 숫자들이었다면, 이제 숫자 10은 우주의 기운이 모두 합쳐져 삼라만상이 가득 찬 '합(合)' 혹은 '일체(一切)'의 의미이며, 더 나아가 모든 것이 완전히 이루어진 의미로 '완성' 혹은 '완벽함'으로도 의미할 수 있습니다.

이런 의미에서 숫자 10의 전체적인 개념을 잡기 위해 해석하자면, '우주의 모든 것' 내지 '소립자 이전의 물질을 이르는 것부터 파장, 빛, 소리, 냄새, 생명체에 이르기까지 혹은 그 이상 기타 등의 우주에 존재하는 모든 것' 혹은 '그러한 우주의 완벽함, 혹은 완성'을 의미하는 것입니다.

그리고 숫자 10을 '3+7'의 의미로 보면, 기본적인 인간(3)의 형상에 정신(7)이 더해지는 형태로서, 10의 의미가 '우주에 존재하는 모든 것' 혹은 '완성'이나 '완벽함'을 의미한다면, 사람(3)에게 정신(7)이 더해질 때 드디어 '우주의 모든 것이 모아진 합체의 탄생' 혹은 '인간의 완성' 내지 '완벽한 인간'이 된다는 의미이기도 합니다.

그러므로 '10'의 의미는 본래의 뜻을 적용하여 '합(合)'이나 '일체(一切)'로 단순히 생각될 수도 있으며, 궁극적 의미로서 '완전'이나 '완벽함' 혹은 '인간의 완성' 내지 '완벽한 인간' 혹은 '완벽한 우주' 등으로 상황에 따라 해석을 할 수 있습니다.

또 다른 시각에서 숫자 10을 한번 보겠습니다.

천부경이 10진법을 사용하는 사람에 의해서 만들어진 것이라면, 10진법에서 숫자 10은 어떻게 보면 맨 뒤에 나오는 숫자인 동시에 '0'의 개념일 수도 있습니다. 그렇다면 숫자 10은 맨 마지막에 등장하는 동시에 저절로 처음이 되는 것으로 이렇게 '10'이 '0'이 된다면 이 숫자들은 그 순서에 의해서 자동으로 돌고 도는 것을 반복하게 됩니다.

그러므로 숫자 10은 바로 가득 찬 '無限大'인 동시에, 없음을 의미하는 '0'인 '無'의 의미를 같이 가지고 있는 것입니다.

결국 이렇게 보면, 숫자 10은 천부경에서 말하는 一始無始一에서 一終無終一로 가면 다시 一始無始一이 되는 원리를 담고 있는 숫자이기도 합니다.

14

각 숫자의 종합적 의미

이것을 모두 정리하자면,

1은 우주, 하늘
2는 땅(지구, 별)
3은 인간
4=3+1: 생명, 혼, 넋, 기, 에너지
5=3+2: 몸(육신)
6=3+1+2: 이 세상
7=3+4: 마음, 뜻, 정신, 의식, 감정, 자율 의지
8=3+5: 사람의 삶, 인생
9=3+6: 저승, 끝, 마지막, 죽음
10=3+7: 일체, 합, 전부, 완성된 인간, 완전함, 완벽함

여기까지는 각각의 숫자가 갖는 의미를 알아보았습니다.
그리고 나서 숫자 10을 제외한 각 숫자를 세 개씩 묶어 다음 도표로 만들어 보았습니다.

그런데, 의외로 좀 신기한 것을 발견했습니다.

〈도표〉

	시작/원인	중간/과정	끝/결과
시작/원인	1. 우주, 하늘	2. 땅	3. 사람
중간/과정	4. 혼, 생명, 기, 에너지	5. 몸, 육체	6. 세상
끝/결과	7. 마음, 정신, 뜻, 의식, 의지	8. 삶, 인생, 팔자	9. 저승, 끝, 죽음

이렇게 각 숫자의 의미를 순서대로 나열하여 세 개씩 끊어서 도표로 만들어 놓고 보니, 여기서도 각 세 개씩의 의미끼리 흐름에 연관성이 보인다는 것입니다.

즉, 좌에서 우로 나열된 숫자인, 1과 2와 3이 서로 연관성이 있고, 또 4와 5와 6이 그렇고 7과 8과 9도 서로 연결된 연관성을 갖는다는 것입니다.

마찬가지로 위에서 아래로, 1과 4와 7이 그리고 2와 5와 8이 또 3과 6과 9가 서로 연결이 되어 '원인(시작)-과정(중간)-결과(끝)'라는 연관성을 가지더라는 것이지요.

먼저 첫 번째 칸의 가로줄 세 글자만을 놓고 보겠습니다.

하늘(1)은 '시작'이나 '원인'에 해당한다고 보면, 땅(2)은 '중간'이며 '과정'이고, 사람(3)은 '끝'으로 '결과물'이 되는 것입니다. 이렇게 왼쪽에서 오른쪽으로 가로줄의 흐름이 서로 유기적으로 연관성을 갖는 것이 느껴집니다.

두 번째 칸의 4-5-6의 가로줄은 생명(4)을 시작으로 육체(5)가 움직이고 결국 세상(6)이 생겨나는 것입니다.

세 번째 칸의 7-8-9의 가로줄도 흐름을 해석하자면, 사람에게 의식(7)이 생기고 인생(8)을 살고 결국 사람은 저승(9)에 간다는 식으로 '서론-본론-결론'과 같이 해석되는 것입니다.

이것은 또한 위에서 아래로 '하늘(1) → 생명(4) → 마음(7)' 이렇게 세로줄의 순서대로 연결시켜 해석해도 뭔가 뜻이 나타나는 것 같습니다.

첫 번째 세로줄인 1-4-7은 하늘이 행하는 요소들로서, '하늘(1)이 혼(4)을 불어넣어 의식(7)이 생겨났다'고 해석이 되고요,

두 번째 세로줄인 2-5-8은 땅 위에서 이루어지는 요소들로서, '땅(2)에서 육체(5)가 생겨 삶(8)을 산다'고 해석이 되고요,

세 번째 세로줄인 3-6-9는 사람에게 일어나는 요소들로서, '사람(3)이 세상(6)에 태어나고 죽어서 저승(9)에 간다'라고도 해석이 됩니다.

이런 방식으로 가로로 혹은 세로로 각각 세 칸씩 해석이 되는 것이 묘하다고 느껴집니다.

저런 식의 해석까지 천부경이 뭔가를 얘기하고자 했을 것이라는 생각은 솔직히 안 합니다만, 희한하게도 그냥 세 개씩 나열한 것뿐

인데, 그걸 보면 볼수록 좌우로 그리고 위아래로 자연스럽게 이미지와 의미들이 서로 관련되어 연결되는 것이 느껴진다고 말씀을 드리는 것입니다.

15

숨어 있는 해석 원리의 등장

그런 의미에서 본문에 나오는 글을 인용하여 아래의 표를 만들어 보았습니다.

	天一一	地一二	人一三
+	天二三	地二三	人二三
각 열의 합	3, 4	3, 5	3, 6
위의 합(결과)	7	8	9

여기서 각 열의 합이 있는 칸까지만 천지인을 연결시켜 다시 써 보겠습니다.

도표에서 보시듯이 첫째는 하늘(天)을 나타내는 칸으로 3과 4와 그리고 그 합으로 7이라는 숫자가 나타나게 되고요, 땅(地)을 나타내는 칸에는 3과 5, 그리고 더해서 8이라는 숫자가 있고요, 세 번째 사람(人)을 나타내는 칸에는 3과 6, 그리고 9라는 숫자가 있습니다.

첫째, 天의 요소: 3(사람) + 4(생명) = 7(마음, 정신, 감정, 의지)

이 결과가 7이 나온 것은 결국 위의 도표상으로 한눈에 보이듯이 숫자 7은 하늘에 관련된 숫자가 되는 것으로, 인간의 마음, 감정, 정신, 의지와 같은 것들은 하늘의 요소입니다.

둘째, 地의 요소: 3(사람) + 5(육체) = 8(삶, 인생)

마찬가지로 인간의 삶이나 인생은 땅의 요소가 되는 것입니다.

셋째, 人의 요소: 3(사람) + 6(세상) = 9(죽음, 저승)

그리고 사람에게는 하늘과 땅과 달리 어쨌든 죽음과 저승이 있습니다.

그러므로 죽음, 끝, 저승 등은 인간의 요소입니다.

그런데 '3+4=7', '3+5=8', '3+6=9' 이렇게 하는 형태는 숫자 3을 주(主)가 되게 앞으로 놓고 의미를 풀이하는 것으로 이미 제가 앞에서 정한 해석의 원칙과 똑같은 모양을 띠고 있는 것입니다.

이 말인즉슨, '7은 3+4의 형태로 해석하고, 8은 3+5의 형태로 그리고 9는 3+6의 형태로서 본 천부경을 해석하라'고 하는 천부경을 지으신 저자의 결정적인 지침인 것입니다.

결국, 천부경을 지으신 선조분께서는 1, 2, 3이 무엇이라고 본문에 정확히 말씀하셨고, '大三合六'이라는 문구를 통하여 1, 2, 3을 합하여 6이 된다는 해석의 원리도 남겨 놓으셨고, 이로써 4, 5, 6을 해석하게 되었고, 또한 7, 8, 9 역시도 위의 방식으로 해석을 하라는 지침을 천부경 자체에 정확히 남겨 놓으셨던 것입니다.

단연코 말씀드리건대, 저는 이 형태를 미리 알고 천부경에 나오는 숫자의 해석 원칙을 정한 것이 아닙니다. 다만, 숫자 해석의 원칙을 정한 뒤 본문해석을 하다 보니까 이 형태가 보였고 제가 정한 해석의 원칙과 같다는 것에 놀라움과 단순한 자부심을 떠나 저의 해석 방식이 맞다는 확신을 갖게 되었던 것입니다.

마치 천부경을 지으신 분께서 각 숫자는 이렇게 해석하라고 비밀스럽게 숨겨 놓은 해법 코드를 찾아낸 느낌이기도 합니다.

이렇듯이 천부경에서는 이미 1, 2, 3을 제외한 각 숫자가 어떻게 해석이 되어야 한다는 것에 대하여 여러 각도에서 많은 힌트를 제공하고 있습니다.

그리고 그것을 저는 찾아내어 해석한 것뿐입니다.

이런 것만 보더라도 천부경은 정말 신비스러운 구조로 이루어진 문장이라는 것을 또다시 느껴 봅니다.

본문해설로 들어가겠습니다.

천부경은 먼저 우주의 탄생부터 이야기합니다.

16

一始無始一
(혹은 一始無始)

천부경의 첫머리에 등장하는 문구입니다.

도대체 우주가 無에서 시작한다는 생각을 어떻게 하였을까요?

그나마 이 시대의 최첨단 과학인 빅뱅 이론과 양자물리학이나 끈 이론 정도의 개념이라도 알고 한 것이라면 그나마 수긍이 갈 것 같습니다.

최소한 지금의 첨단과학을 조금이라도 이해해야 가능한 이 문구를 아예 분명한 명제로 찍어서 문장의 맨 앞에 올려놓았고, 심지어 그 뒤로 나오는 문구들은 오히려 지금의 과학으로는 도저히 가늠할 수도 없는 것들이 나옵니다.

하나하나 첫 문구부터 풀어 나아가 보도록 하겠습니다.

먼저 이 다섯 글자를 다양하게 해석해 보겠습니다.

마치 양자물리학에서 얘기하는 것처럼 해석이 가능한 모든 기댓값을 나열하는 것처럼 해 보고 그나마 좀 더 일리 있는 내용을 추려 보도록 하겠습니다.

- 우주의 시작은 무(없는 것)에서 시작된다(혹은, 시작한다).
- 우주의 시작은 무에서 시작되는 우주이다.
- 우주는 시작이 없이 시작하는 우주이다.
- 우주는 시작됨이 없이 시작되는 우주이다.
- 우주는 시작됨이 없이 시작하는 우주이다.
- 우주는 시작함이 없이 시작하는 우주이다.
- 우주는 시작이 없는 시작의 우주이다.
- 우주는 시작이 없는 우주로 시작한다.
- 우주의 시작은 없고 시작이(시작 자체가 바로) 우주이다.

해석을 더 하자면 수도 없이 만들어 낼 것 같습니다.

솔직히 위의 내용 중 무엇을 고를까 고민 많이 했습니다.

거꾸로, 저 위에 열거한 모든 글자를 한꺼번에 묶어 놓은 뜻은 없을까 하고 생각해 보면 그냥 한자로 결국 '一始無始一' 이렇게 다시 쓰면 될 것 같았습니다.

이렇게 말씀드리고 나니 마치 제가 독자분들께 농담 드린 것 같지만 문장에 있어 조사(助詞)가 약한 한자의 특성상 딱 떨어지는 해석이 쉽지 않으므로 가장 근삿값의 해석을 찾기보다는 전체를 뭉뚱그려 하나의 개념으로 받아들이는 것이 바람직할 것 같아서 드린 말씀입니다.

그리고 '一始無始一'이라는 이 하나의 문구만을 놓고 보면 맨 마지막 해석도 상당히 그럴듯해 보입니다.

'우주의 시작은 없고 시작 자체가 바로 우주이다'라는 해석입니다. 이렇게 보면 맨 마지막 문구인 '一終無終一'도 '우주는 끝도 없고 끝 자체가 바로 우주이다'로 해석을 할 수 있습니다.

끈 이론으로 보더라도, 근본적으로 '물질'이라는 것 자체가 '무'의 개념에서 시작된 것이라고 보기 때문에, 우주 역시도 無의 개념에서 출발하는 것이라고 본다면 '우주는 무에서 시작되었다'는 말이 맞다고 보여집니다.

그리고 우주의 '시작'이라는 것과 '끝'이라는 것이 계속 반복되는 것이라면, 우주가 그런 식으로 끊임없이 순환한다는 의미이므로 '시작도 없고 끝도 없는 것이 우주다'라는 말도 맞아 보입니다.

하여튼 전체적인 문장의 흐름을 보면 맨 마지막 문구보다는 차라리 맨 앞에 나오는 문구가 근사하지 않은가 하는 생각이 듭니다.

해석 1. 우주의 시작은 무에서 시작된다(一始無始).

그러나 천부경을 보면 앞의 一始無始一과 一終無終一이 서로 대구(對句)를 이루고 있습니다.

이것을 굳이 표현하자면 시종대구법(始終對句法)이라고나 할까요?

그러므로 천부경의 모양상 시종대구법이 맞다고 보면 다음과 같이 '해석 2'로 정리가 됩니다.

해석 2. 우주의 시작은 무에서 시작되는 우주이다(一始無始一).

해석 2보다 문장과 문장의 흐름을 원활하게 해석하기 위해서는 一始無始一에서 맨 마지막 한 일(一) 자를 없애고 해석 1처럼 해석한 후에 한 일(一) 자는 뒤에 나오는 문구의 주어로 해석하는 것이 전체적인 문장의 흐름상 훨씬 자연스럽게 느껴집니다.

이렇게 한 일(一) 자를 바로 뒤의 문구(析三極無盡本)의 주어로 사용함이 해석상 좀 더 자연스러우나, 천부경 자체가 시종대구법으로 되어 있는 문장이라는 점이 해석하는 사람의 발목을 잡는 것 같습니다.

해석 1, 2 둘 다 그냥 같이 사용해도 무방하다고 봅니다.

중요한 건, '우주'로 시작하는 천부경의 첫 번째 문구를 읽고 나면, 어렴풋하게나마 천부경의 거대한 윤곽이 느껴지는 것 같습니다.

그런데 막상 구체적인 해석을 해 보려고 하면 딱 부러지는 한 개의 문구로 단정 짓기보다는 그 의미가 해석하는 각도에 따라 약간의 차이가 있을 수도 있는데, 이는 마치 양자역학에서 말하는 여러 무한대의 기댓값처럼 천부경의 문구도 여러 개의 해석으로 열거될 수 있다고 봅니다.

그러므로 구체적으로 해석된 위의 뜻들을 모두 모아 전체적인 개념으로 받아들이는 것이 더 마음에 와닿을 수 있습니다.

어쨌든 위에서 그나마 기댓값의 확률이 가장 큰 것은 첫째 문구라고 생각됩니다.

– 우주의 시작은 무(없는 것)에서 시작된다(혹은, 시작한다).

빅뱅 이론으로 보나, 양자역학적 입장에서 보나, 우주는 무에서 시작하는 것이라는 의미입니다.
 동시에 우주의 시작이 없다는 말 역시도 마지막 문구인 '一終無終一'과 연결해 보면 맞는 말이 됩니다.
 즉, 우주는 끝남과 동시에 시작이 되므로 시작도 끝도 없이 계속 순환하는 것이 우주라는 것입니다.
 그러므로 이 첫 문구를 이해하기 위해서라도 無의 개념을 짚고 넘어가야겠습니다.

17

중요한 無의 개념

    일시무시일(一始無始一)에 어째서 없을 '無' 字가 들어가 있을까요?
'우주의 시작은 무에서 시작한다' 혹은 '우주의 시작은 없는 것에서 시작하는 우주다'라는 것을 조금만 더 깊이 생각해 보겠습니다.
    무(無)에서 우주(一)가 생겨났다는 말, 즉 一始無始一에 나오는 무(無)의 개념이란 바로 '하나의 점(點)'에서 우주가 생겨났기 때문에 無라는 개념이 등장할 수 있는 것입니다.
    실제 점이라는 것은 개념적으로만 존재할 뿐이고, 이것은 물질도 아니고 질량이나 부피도 없는 것입니다.
    하지만, 분명히 점이라는 것은 세상에 존재하고 있습니다.
    여기서, 점이라는 개념은 우주 어디에선가 빅뱅이 시작된 바로 그 지점의 개념이기도 합니다.
    우리가 흔히 일상생활에서 항상 접하고 있는 점과 선과 면이 과연 무엇인가 생각해 보면 어떻게 해서 이런 一始無始一이라는 표현밖에 나올 수가 없는지가 이해됩니다.
    하나(한 일 '一') 즉 우주 혹은 하늘이 어떻게 '없는 것'에서 출발할 수 있을까 하는 의구심은 바로 이 점(點)의 개념을 이해하여야 풀릴 수 있습니다.

'점(點)'이라는 것은 사실상 그냥 위치의 개념입니다.

선과 선이 교차하는 그 위치가 바로 점이므로, 실제 공간에서는 단지 위치로서 존재할 뿐 그 크기가 있을 수가 없는 것입니다.

점의 개념: 공간을 표시하지만 넓이나 부피가 없이
　　　　　오직 위치만을 나타내는 가상의 것
선의 개념: 두 점 사이에 있는 점의 집합
면의 개념: 그리고 면은 선들의 집합

종이의 한쪽 면이나 책상의 표면에 손을 대면, 우리는 면을 만져 볼 수 있습니다.

선도 종이의 모서리가 만져지듯이 어찌 보면 실제로 있다고 할 수도 있어 보입니다.

그렇지만 점이라는 것은 그 크기가 없기 때문에 손으로 만져 볼 수 없으므로, 결국 점은 그 실체가 없이 그냥 위치만으로 존재하는 가상적 개념에 불과하다는 것입니다.

하지만 아이러니하게도 실제 우리는 일상에서 이 점이라는 것을 항상 사용하고 있습니다.

만약 우리에게 점이라는 것이 없었다면 애초에 과학이라는 것 자체가 없었을 겁니다.

어쨌든 분명한 것은, 점은 위치만 있고, 선은 길이만 있고, 면은 넓이만 있기 때문에, 이들 모두 공통으로 부피가 없으므로 실제는 만질 수도 없고 존재할 수도 없는 개념적 존재에 불과한 것들입니다.

잘 생각해 보면, 면이라는 것이 실제 존재하려면 3차원적 개념인 부피가 있어야 하듯이, 선은 면의 가장자리나 면을 자른 부분에 선이 나타날 수 있는 것이고, 점은 두 개의 선을 교차시키는 지점을 말하므로 선이 있어야만 점이 있다는 것을 확인할 수 있습니다.

그러므로 이렇게 간단하게 거꾸로 추적해 봐도 결국 점의 개념은 실체가 없으므로, 세상이 무엇으로부터 시작하였는가에 대한 대답은 바로 '없다'가 되는 것입니다.

또다시 반대로 생각해 봐도, 공간이라는 것이 탄생하기까지 이전에 반드시 면이 있어야 하고, 면의 이전에 반드시 선이 있어야 하고, 선의 이전에는 반드시 점이 있어야 하는데, 결국에 그 점의 개념은 '無'가 되므로 이 세상 실체의 근본은 '無'가 되는 것입니다.

이렇게 보면 공간은 무(無)에서 탄생한 것이 되는 것입니다.

이것은 물리학적으로도 해석이 됩니다.

결국 이 점(點)이라는 것은 없는 것이므로 무(無)의 개념인 것이고, 그러니 빅뱅 이론에서 우주가 한 점에서 시작했다는 것은 결국 우주가 무(無)에서 시작되었다는 것과 같은 의미를 지닌다고 하겠습니다.

여기서 차원의 개념이 발생하는 것입니다.

⟨1차원⟩

선이란 한 점과 점을 잇는 점들의 집합이라고 하며, 우리는 바로 이 선의 개념을 1차원이라고도 표현합니다.

마치 철로 위만 달리는 기차처럼, 움직일 수 있는 공간이 하나의 선 위에서만 가능하다고 생각하면 됩니다.

이러한 선의 개념이 바로 1차원의 개념입니다.

⟨2차원⟩

선과 달리 이 면에서는 앞뒤뿐만 아니라 좌우로도 마음대로 움직입니다.

바로 이 '면의 개념'이 2차원입니다.

즉, 2차원에서는 1차원의 존재를 볼 수 있게 되는 것이지요.

물론 선의 개념이나 면의 개념 모두 높이의 개념이 전혀 없습니다.

⟨3차원⟩

이제 '면'에다 높이의 개념이 추가되면 비로소 부피를 갖는 공간이 나오는데 이것이 3차원의 개념입니다.

⟨다중차원⟩

1차원+1차원=2차원(선+선=면)

2차원+2차원=3차원(면+면=공간)

3차원+3차원=4차원(공간+공간=시간)

1차원이 2차원이 된다는 것.

즉, 선과 선이 모여서 면이 되려면, 선들끼리 '동시'에 같은 장소에서 '밀접'하게 서로 같이 붙어 있어야만 비로소 면이 되는 것입니다.

2차원이 3차원이 되는 것도 마찬가지로 면과 면이 동시에 밀접하게 있어야 부피를 갖는 공간이 나옵니다.

이렇게 보면 공간과 공간이 밀접하게 있어야 시간이 된다는 말인데, 솔직히 이건 쉽게 와닿지 않을 것입니다.

그 이유는 1차원에서 2차원을 보지 못하듯이, 3차원에 살고 있는 우리가 4차원을 이해하기 힘든 것은 당연한 것입니다.

하지만 각 차원의 원리는 모두 이렇게 흐른다는 것입니다.

결국 그 차원이란 것이 몇 차원까지 존재하는가에 대한 질문에 답변을 할 수 있는 사람은 아무도 없습니다.

그러나 거꾸로 1차원(선의 개념) 이전이 무엇인가에 대해서는 '점'이라고 분명히 말할 수 있습니다.

점이란 무엇이었나요?

개념적으로는 있는데 실제로는 없는, 즉 '無'의 개념입니다.

그래서 천부경에 첫머리와 끝에 나오는 **一始無始一**, 그리고 **一終無終一**에 왜 **無** 자가 나오는 가에 대한 것을 차원의 개념으로 잠깐 설명해 드렸습니다.

물론 현대 과학에서는 빅뱅 이론으로 설명하고 있습니다.

어쨌든, 이런 식으로 위로는 도대체 몇 차원까지 가능할지 몰라도, 반대로 양자역학적 이해를 가지고 원자나 전자보다 더 작은 초미시 세계의 마지막에 존재하는 것이 과연 무엇일까 하는 의문으로 이론물리학자들이 연구를 해 봤다는데요, 이 세상에서 제일 작은 입자는 끈처럼 생긴 파장과도 같은 것인데 에너지의 형태로 존재한다고 합니다.

이것을 두고 '끈 이론'이라고 합니다.

이렇게 끈 이론을 주장하는 이론물리학자들에 의하면, 세상 우주는 11차원으로 되어 있어야만이 이러한 끈 이론이 성립될 수 있다고 합니다. 그래서 일단은 그렇게 이해하도록 하겠습니다.

힉스입자의 존재를 증명하기 위하여 입자들끼리 서로 충돌시켜 입자들에 달라붙어 있던 힉스입자가 충돌로 튀어나오는 것을 발견하고서야 힉스입자의 존재를 증명하듯이, 이런 식으로 끈 이론을 증명하기 위한 실험을 하였을 때는 실험 중에 어느 '끈'인가는 다른 차원으로 사라져야 한다고 합니다.

왜냐면 이들의 끈 이론 주장에 의하면 이러한 끈들은 11차원을 넘어 드나들기 때문이라고 합니다.

그래서 끈 이론을 증명하는 실험을 하였을 때, 끈 하나가 사라지게 되면, 그 사라진 끈이 다른 차원으로 넘어간 것이 되기 때문에 끈 이론을 주장하는 이론물리학자들의 주장이 맞다고 증명되는 것이라고 합니다.

그동안 이론물리학자들이 생각해 낸 것들이 과학이 발전하면서 하나하나 사실로 증명이 되어 가고 있는 지금에 보면 이미 몇십 년을 앞서가는 과학자들의 이론과 주장은 놀라운 것입니다.

끈 이론 역시 아직은 현실에서 접근하기 힘든 너무나 작은 세계의 물질에 대한 연구이기 때문에 실제 실험으로는 아직 증명이 불가능하고 다만 이론으로 자신들의 가설을 내세우지만, 힉스입자와 마찬가지로 과학이 더 발전하면 끈 이론 또한 증명될 날이 올 것입니다.

그리고 언젠가 끈 이론이 증명이 되는 시대가 오면, 끈 이론보다 더 진보한 과학의 이론들이 또 나올 것이고 그러한 진보된 과학들로써 천부경에 들어 있는 내용 역시 하나씩 과학적으로 더 증명되는 날이 올 것입니다.

빅뱅 이론 내지 양자역학과 같은 지금의 과학이 있기에 그나마 천부경에 나오는 無의 개념과 같이 제가 해석하는 천부경의 내용이 타당성을 가질 수 있다고 보이며, 그렇지 않았다면 자칫 저의 해석은 한낱 음모론에 지나지 않았을 수도 있었을 것입니다.

18

힉스입자

그리고, 물리학적 이해를 좀 더 돕기 위해 힉스입자(Higgs Boson)에 대하여 조금 짚어 보겠습니다.

힉스입자는 1964년에 힉스입자를 예측한 6명의 물리학자 중, 영국의 이론물리학자인 피터 힉스(Peter Ware Higgs)의 이름을 따서 지어진 것인데요, 그렇게 이름을 지은 사람이 바로 우리나라의 이휘소 박사였습니다.

이휘소 박사가 힉스입자로 이름을 지었던 1972년 이전까지는 힉스입자가 그렇게 주목을 받지 못하였으나, 이휘소 박사가 그 물질에 힉스입자(Higgs Boson)라는 이름을 처음으로 붙여 사용하게 되므로 하여 비로소 이 힉스입자는 학계에서 주목을 받게 되었다는 여담이 있습니다.

힉스입자는 우주의 모든 공간에 가득 차 있습니다.

이 힉스입자는 에너지만 있고 질량이 없던 태초 우주에서 빅뱅 당시의 원시 소립자들에게 달라붙어 질량이 생기게끔 해 주는 역할을 했다는 것입니다.

천부경의 無의 개념과 마찬가지로, 빅뱅 당시 이 우주가 탄생할 때 모든 소립자의 질량은 제로 '0'이었다고 합니다.

그 태초의 소립자들은 빅뱅 폭발 당시 무게가 없는 에너지 형태로만 터져 나오는 것들을 말하는데, 이를 소위 원시 소립자라고 합니다.

이미 우주에 넓게 분포되어 있던 힉스입자들은 빅뱅 폭발로 터져 나오는 각 원시 소립자들에게 달라붙어 질량을 갖게 했고, 그렇게 만들어진 여러 형태의 물질이 바로 우리가 말하는 원자가 되었습니다.

다만, 원시 소립자 중에는 희한하게 힉스입자가 달라붙지 않는 것이 있었는데 그것이 바로 빛의 입자였습니다.

그래서 빛은 질량이 없는 것입니다.

이렇듯 각각의 질량을 갖게 된 원자들이 서로 모이고 뭉쳐서 지구, 별, 달, 태양과 같은 물질의 형태로 되고 결국 지금의 우주가 탄생할 수 있었다는 것입니다.

힉스입자들이 얼마나 많이 달라붙었느냐에 따라 입자의 질량과 성격이 바뀌게 되었던 것입니다.

어떤 원시 입자는 산소가 되고, 어떤 원시 입자는 수소가 되고 그랬던 것입니다.

그리고 힉스입자들이 달라붙어 탄생한 질량을 가진 새로운 종류의 입자들 개수는 대략 100가지 정도가 된다고 하니, 그 100가지 종류의 입자 간 상호결합을 통하여 이 우주 안에 있는 모든 물질이 이루어져 있다고 보면 됩니다.

단지, 빛의 소립자인 광자만이 이 힉스입자와 결합하지 않기 때문에 움직임에 방해를 받지 않고 무게도 없이 다닐 수 있어서 자연계 최고의 속도를 가질 수 있다고 합니다.

질량이 존재하지 않았던 우주의 폭발 에너지에 달라붙어서 질량이 있는 물질이 되도록 만들어 주는 역할을 했던 힉스입자는 우주의 탄생에 있어서 결정적인 역할을 한 것입니다.

이에 과학자 자신들이 스스로 알아냈음에도 어이가 없을 만큼 황당하지만 엄청난 역할에 비유할 만하기 때문에 당시엔 이 물질은 분명히 이론적으로는 있어야 하나, 그 당시는 실험을 할 수가 없어서 그 존재를 밝혀내기 너무 힘들었기에, 이것을 '빌어먹을 물질' 즉, 'Goddem Particle'이라는 제목으로 책을 출판하려 하였답니다.

그러나 출판 과정에서 욕을 출판하는 것은 안 된다고 해서 Dem이라는 글자가 빠지고 다시 《God´s Particle》로 바꾸게 되어 《신(神)의 입자》라고 책 제목을 변경하여 출간되었다고 합니다.

그토록 욕이 튀어나올 정도로 증명하기 어려워 과학자들을 답답하게 만든 힉스입자는 빅뱅 이론상 반드시 존재해야 하는 물질이었으나 쉽게 알아낼 길이 없었던 것이지요.

힉스입자의 존재를 확인하기 위해서는 거꾸로 소립자에 달라붙어 있는 힉스입자를 떼어 내어 봐야만 하는데, 소립자도 그렇고 힉스입자도 그렇고 그것들이 너무 작았기에 어떤 기구로도 소립자에 달라붙어 있는 힉스입자를 분리해 볼 수 있는 방법이 없었지요.

오로지 한 가지 방법이 있다면, 무게를 가진 소립자들끼리 서로 강하게 충돌시키는 것이었습니다.

　소립자들끼리의 강한 충돌로 발생한 이때의 충격으로 각 소립자에 달라붙어 있던 힉스입자가 튕겨 나와 분리돼 떨어져 나오게 되면, 그 순간 힉스입자를 발견할 수 있을 것이라는 것이 이론물리학자들의 주장이었던 것입니다.

　그러나 일부 과학자들의 반발도 있었습니다.

　입자끼리 강하게 충돌하게 되면 반드시 블랙홀이 발생하게 되는데, 그러면 지구 전체가 그 블랙홀 안으로 빨려 들어갈 수도 있다는 우려였습니다.

　여기에 스티븐 호킹 박사는 비록 블랙홀이 생긴다 할지라도 극히 작은 규모이기 때문에 살짝 나타났다가 순간적으로 사라지므로 전혀 문제없다고 했습니다.

　그러면서도 호킹 박사는 궁극적으로 CERN(유럽공동원자핵연구소)의 LHC(Large Hardron Collider, 대형하드론입자충돌장치)에 의한 입자가속충돌 실험이 언젠가 인류에 가장 큰 위협이 될 수 있다는 것 또한 간과하지 말라고 충고하였습니다.

　어찌 됐든 결국에 수조 원의 돈을 들인 끝에 드디어 힉스입자 가설이 나온 이후 48년 만인 2012년 7월 4일에 스위스의 제네바에 있는 유럽공동원자핵연구소 CERN의 입자가속기충돌 실험이 있었고 이 역사적인 실험을 통해서 입자 간 강한 충돌에 의해 힉스입자가 분리되는 것이 발견되면서 그간 많은 이론물리학자가 고대하고 그토록 간절히 증명하고자 했던 힉스입자의 존재가 확인되었습니다.

이로서 빅뱅 이론이 어느 정도 증명이 되었던 것입니다.

즉, 우주는 한 점에서 대폭발을 시작으로 팽창하고 있다는 이론의 일부가 증명이 된 만큼 과학적으로 우주가 한 점에서 시작되었다는 이론이 맞을 가능성이 높아진 것입니다.

다만 빅뱅 시작의 시점 이전에도 우주에는 물질이 존재하였다는 이론과 그렇지 않다는 이론, 혹은 알 수 없다는 이론 등으로 아직 미정립된 부분이 많다는 것은 앞으로 과학이 더 풀어야 할 숙제입니다.

좌우간, 그런데요, 그 옛날 천부경은 제일 첫머리에 이 현상을 적어 놓았던 것입니다.

'일시무시일(一始無始一)' 혹은 '일시무시(一始無始)'

즉, '우주의 시작은 무의 존재에서 시작하는 우주다' 혹은 '우주의 시작은 무의 존재에서 시작한다'라고 말입니다.

마치 시(詩)적이지만 無의 존재로부터 시작된다는 것에 대하여 명확하고도 명료하게 그 개념을 정리하고 있었습니다.

또한 2014년에 로버트 호간이라는 학자의 연구에 의하면, 이러한 힉스입자와 양자물리학, 그리고 우주급팽창 이론을 합치면 신기하게도 우리가 존재하는 이 우주는 실제로는 존재해서는 안 된다고 하는 결론에 도달한다는 연구 결과를 내놓았습니다.

이토록 복잡한 연구들까지는 쉽게 이해 안 되지만, 하여간에 우리의 천부경에는 무(無)의 개념이 시작의 개념과 같이 나온다는 것에 다시 놀라지 않을 수 없습니다.

그러면, 천부경은 어떻게 이것을 알았을까요?

누구한테 들었을까요?

더 놀라운 것은 우리 인류는 서기 2000년이 넘어 이제야 빅뱅의 원리를 찾아냈지만, 천부경에는 빅뱅 이론과 같은 내용은 물론 그보다 더 진보한 내용을 줄줄이 그 안에 놓았는데, 그것도 꽉꽉 눌러서 농축하여 수록했다는 것입니다.

하여튼 빅뱅 이론과 천부경이 조금 다른 점은 빅뱅 이론은 빅뱅 이전의 상태에 대해서는 절대 알 수 없다고 학자들은 단정을 짓고 있지만 천부경의 논리로 보면 하나에서 나와서 다시 한 점으로 돌아가는데 '우주의 모든 만물은 신비하게도 가고 또다시 온다(一妙衍萬往萬來)'는 이치로 보아 우주 역시도 다시 우주가 한 점으로 모든 것이 완전히 되돌아간 순간 동시에 바로 폭발이 일어나 새로운 우주의 탄생을 만든다고 보는 것이 맞다고 저는 확신하고 싶습니다.

〈천부경적 정리〉

정리해 보면, 이 우주가 무(無)에서 시작한다는 것을 놓고 볼 때, 이 우주는 한 점(點) 즉 어느 한 위치에서 시작했고, 그 '점(點)'이란 위에 설명해 드린 대로 실체가 없는 '무(無)의 개념'이 되는 것입니다.

그리고 빅뱅 이론에서 보더라도 이 無의 개념은 빅뱅 당시의 소립자도 될 수 있고 아니면 또 블랙홀과 같은 실체가 없는 무개념의 존재일 수도 있는데 어쨌든 그 무엇이라 하여도 말로 정리하자면 無에서 시작했다는 말 이외에 더이상 어떻게 표현해야 할지 찾아내기 힘들 정도로 정확히 표현한 것이 바로 일시무시일(一始無始一) 혹은 일시무시(一始無始)입니다.

  만약 여러분이 천부경을 만드는 사람이라고 해도 우주 탄생의 원리를 함축적으로 표현하고자 할 때, '일시무시일(一始無始一) 혹은 일시무시(一始無始)' 이렇게 말고는 달리 더 표현할 수 있는 방법이 없다는 걸 느끼실 겁니다.

  이미 앞에 숫자 9의 개념에도 나왔고 뒤에서 자세히 다루겠지만, 인간의 영원함이 순환되는 것으로 표현한 부분은 경이로움 그 이상입니다.

19

析三極無盡本
(혹은 一析三極無盡本)

먼저 이 문구를 해석하기에 앞서 시중에 나온 천부경의 해석이 서로 제각각인 이유는 숫자에 대한 정의가 각기 다른 것이 가장 큰 원인이며, 그리고 81개 한자 단어의 끊어 읽기가 다른 것이 다음 원인이라 하겠습니다.

보통 천부경을 해석함에 있어서, 첫 문구인 일시무시일(一始無始一)과 맨 마지막 문구의 일종무종일(一終無終一)이 그 형태가 똑같기 때문에, 앞과 뒤를 같은 방법으로 끊어 읽는 경우가 많습니다. 물론 저도 그렇게 했고요.

다만, 저는 一始無始一, 析三極無盡本을 두고, 一始無始, 一析三極無盡本으로 해석을 해 보니 이렇게 끊어서 해석하는 것이 문맥상 좀 더 일리 있어 보인다는 생각에서입니다.

하지만 一始無始一, 析三極無盡本으로 해석해도 큰 문제는 없습니다.

즉, 천부경 첫 두 문구만을 두고 볼 때, 이렇게 '석삼극무진본(析三極無盡本)'으로 끊어 읽게 되면 주어가 빠져 있는 형태가 됩니다.

제대로 된 해석이 필요하다면 일시무시일(一始無始一)의 맨 뒤 일(一) 자만큼은 뒤 문구의 주어로 해야 해석이 더 용이해진다는 말입니다.

두 개를 각기 해석해 보자면,

먼저, '一始無始一, 析三極無盡本'은,

'우주의 시작은 무에서 시작하는 우주다, 삼 극으로 나뉘나 그 본연의 모습은 영원하다.'

그런데 이것보다는, '一始無始, 一析三極無盡本'로 끊어서 해석할 경우 첫 문장 뒤에 나오는 한 일(一) 자가 뒤 문장의 주어가 되어 두 개의 문장을 연달아 해석할 때 훨씬 자연스럽게 문장이 이어져 일리가 있는 문맥이 됩니다.

'우주의 시작은 무에서 시작하며, 우주는 삼 극으로 나뉘나 그 본연의 모습은 영원하다.'

제가 전편에 썼던 '우리 민족의 비문'에서는 일시무시일(一始無始一)을 첫 문구로 끊었으나, 지금 심정은 일시무시(一始無始)까지로 하고 뒤의 한 일(一) 자는 두 번째 문구의 주어로 놓고 싶습니다.

그런데도 누군가가 저에게 한자 천부경을 끊어서 나열하라고 한다면,

'一始無始一
析三極無盡本'

저는 이런 식으로 나열할 것 같습니다.

왜냐면, 천부경은 하나의 철학이면서 고도의 시적(詩的) 감각을 지닌 문학적 가치 또한 상당하기 때문에, 그 문학성을 잃지 않게 하기 위해서라도, 시종대구법(始終對句法)으로 표현한 최치원의 한자 천부경이 시각적으로도 멋있는 이 아름다운 문장 표현을 잃고 싶지 않은 이유입니다.

굳이 석삼극무진본(析三極無盡本)에 주어를 넣어야 하는가 하는 차원에서 보면 꼭 그럴 필요가 없다고 할 수 있습니다.

그 이유는 '一' 字가 이 문구 앞에 없다고 하여도, 석삼극(析三極) 즉 '3극으로 나뉜다'라고 한다면 비록 주어가 없어도 우리는 '무엇이 그것을 나누던', 아니면 '무엇이 나뉘던' 그 주어가 되는 것이 본 천부경의 문장상으로 보아 '우주(一)'임을 그냥 알 수 있기 때문입니다.

또 '일시무시일'에 나오는 맨 뒤의 '일(一)'이 영어에서 관계대명사가 생략된 형태로서 선행사의 의미로 사용된 것으로도 보아도 됩니다.

아무튼 문장 해석의 흐름에 큰 손상을 시키지 않으면서 시적(詩的)인 풍미와 시각적인 멋을 살린 기지야말로 우리의 천부경이 단순한 경전이 아닌 문학적 가치 또한 대단히 높음을 나타내고 있는 것이라 하겠습니다.

뒤에 나오지만, 천부경에는 감탄사도 나옵니다.

'묘(妙)' 자가 바로 그렇습니다.

이는 단순히 '아!' 하는 의성어적 감탄사가 아닌, 뭔가 깊은 뜻을 함유한 감탄사인 것입니다. 당연히 그 내용은 다음에 계속 소개해 드리겠지만, 여러분께서도 천부경을 음미하면 할수록 이것은 진정 사람이 만들어 낸 인류 최초의 그리고 최고의 문학 작품이라는 것을 느끼실 수 있을 것입니다.

천부경의 두 번째 문구인 '석삼극무진본(析三極無盡本)'의 단순 해석으로는 언뜻 이해가 안 가는 부분이 있을 겁니다.

단순히 보면, '삼 극으로 나뉘고 본은 끝이 없다'나, 좀 더 부드럽게, '삼 극으로 나뉘나 그 본연의 모습은 영원하다'라고 표현하면 조금 더 이해가 쉬울 수 있습니다.

즉, 하늘(天), 땅(地), 사람(人)은 모두 '우주(一)'에서 비롯되었으므로 그 원천은 같을지언정 그 근본적인 형태는 극단적으로 다르게 분리되었다는 것이며, 또한 이들 天, 地, 人 각자 고유의 근본은 변함없이 무궁무진 영원하다는 뜻입니다.

그런데 여기서 살짝 의문이 드는 것이 있으실 겁니다.

하늘과 땅이 영원한 것은 쉽게 알겠는데 사람까지 영원하다는 것은 잘 납득이 안 가실 겁니다.

과연, 사람도 영원할까요?

먼저 천부경에서 중의적 뜻을 담고 있는 한 一 字를 살펴보겠습니다.

한 一 字는 천부경 해석상 '우주'로도 해석될 수 있고, 문장에 따라 '하늘'로도 해석이 될 수 있습니다.

천부경에서 최초로 나오는 한 一 字는 분명히 우주를 의미합니다. 그런데 뒤에 나오는 한 一 字는 문맥상 하늘 天의 뜻으로 보아야 합니다.

　지금 우리 시대 사람들은 우주와 하늘을 굳이 구분해서 사용하고 있으나, 천부경은 '우주=하늘'로 둘을 궁극적으로 같은 의미로 보고 있다는 것을 알 수 있습니다.

　어쨌든 이 문구의 해석은, 결국 '인간'도 우주나 하늘, 땅처럼 영원하다는 것입니다.

　그리고 과연 사람이라는 존재가 어떤 식으로 영원할 수 있는가에 대해서 다음에 이어지는 일묘연만왕만래(一妙衍萬往萬來)에서 설명해 드리겠습니다.

20
天一一地一二人一三

 이번 문구에서는 앞에서 얘기한 3극의 정체가 각각 무엇이라는 것을 설명하면서, 또한 이들이 어떻게 생겨났는가를 동시에 설명하고 있습니다.
 여기서 3극이라 함은 天地人으로 하늘과 땅과 사람인데, 그 모두는 하나, 즉 하나의 우주에서 비롯되었다는 뜻의 문구입니다.
 천천히 해석해 보자면,

- 하늘은 우주(一)를 통해 제일 먼저 탄생하며(혹은 숫자 1이라 하며), 땅은 우주(一)를 통해 두 번째로 탄생하고(혹은 숫자 2라 하며), 사람은 우주(一)를 통해 세 번째로 탄생하였다(혹은 숫자 3이라 한다).

 이 문구를 다시 오늘날의 방식으로 표현하자면,

- 하늘은 우주의 빅뱅으로 제일 먼저 탄생하여 숫자로는 1이라

표시하고,

땅도 우주의 빅뱅을 통해 두 번째로 탄생하여 숫자 2로 표시하며,

사람도 우주의 빅뱅을 통하여 세 번째로 탄생하여 숫자 3으로 표시한다.

숫자 1을 놓고 '우주'로도 표현해야 하고 또한 '하늘'로도 표현해야 하는 중의적 해석이 바로 이 문구에서 발생합니다.

만약 하늘이 우주이고 우주가 하늘이라면 중의적 표현이라고 할 수가 없겠지만, 현재의 시대에서 우리는 우주와 하늘을 굳이 구분하고 있기 때문에 숫자 1에는 중의적 의미가 담겨 있다고 말씀드리는 것뿐입니다.

비록 제가 우주와 하늘을 구분해서 혹은 혼돈해서 쓰고 있는 것처럼 보이지만 천부경에서 말하듯이 결국 우주가 하늘이고 하늘이 곧 우주인 것이 맞습니다. 다만, 천부경에서도 굳이 하늘 '天' 자를 넣어 놓았고 또한 현대적 해석이 필요하다고 생각하여 굳이 우주와 하늘을 구분해서 설명해 드리고 있을 뿐임을 말씀드립니다.

우주 탄생의 원리는 우주 안에 존재하는 모든 것들의 탄생원리에 비슷하게 적용됩니다.

빅뱅 당시 무게가 없는 원시 소립자에 힉스입자가 달라붙어 이 세상을 이루는 입자들을 탄생시키듯, 남자와 여자가 만나 아이가 태어나는 것도 우주의 원리를 닮아 있습니다.

이는 천부경의 다섯 번째 문구에서 보듯이, 하늘이 땅을 통하여

사람을 탄생시킨다는 천이삼 지이삼 인이삼(天二三 地二三 人二三)으로도 설명이 됩니다.

　숫자 1은 우주 혹은 하늘로서, 사람으로 치면 정자에 해당한다고 볼 수 있으며, 땅은 난자에 해당한다고 할 수 있습니다.

　마찬가지로 우주 탄생 자체로 볼 경우, 일(一)은 씨앗의 역할을 한다고 볼 때 빅뱅 당시의 폭발 에너지로 볼 수 있으며, 힉스입자의 경우 폭발 에너지를 받아서 물질을 만드는 역할을 하므로 난자에 해당한다고 볼 수 있고, 그로 인해 탄생한 원자들은 아기들로 볼 수 있습니다.

　정리해 보자면,

* 빅뱅 → 힉스입자 → 원자(물질)
* 하늘 → 땅 → 사람
* 남자 → 여자 → 자식
* 정자 → 난자 → 아기

　이런 식인데요, 이러한 원리가 우주에 만연하다는 것입니다.

　우주의 탄생을 볼 때, 이 빅뱅의 개념은 우리가 일상에서 접하는 '점'이라는 개념이고 '점'은 또한 위에서 많이 말씀드린 대로 실제로는 無의 개념인 것입니다.

　이런 내용은 지금의 과학이나 되니까 빅뱅 이론(Big Bang Theory)으로 드디어 설명된 것이지, 불과 한 세기 전까지만 해도 아마 해석을 해서 세상에 내놓아 본들 아무도 이해하기 힘들었을 것입니다.

1920년에 등장한 빅뱅 이론은 1940년대에나 와서 현재의 대폭발론으로 체계화가 되었던 것입니다.

물론 빅뱅 이론이 다 맞느냐의 문제는 모르겠으나 분명한 것은 최근 힉스입자의 증명 내지는 지구 밖으로 허블망원경을 만들어 보내어 살펴본 결과 많은 이론이 맞다는 것이 증명되고 있는 실정입니다.

다시 정리하자면, 1940년대까지만 해도 빅뱅 이론을 일반 사람들이 알 수가 없었다는 것입니다.

그런데 《한단고기》[4]의 〈소도경전본훈〉에 나오는 천부경의 역사는 천제(天帝) 한국(桓國)에서 말로만 전해지던 글로 한웅대성존(桓雄大聖尊)께서 하늘에서 내려온 뒤 신지 현덕에게 명하여 녹도의 글로서 이를 기록하게 하였다는 것에서 볼 때, 천제 한국의 원년이 BC7197년이므로 지금으로부터 대략 9200년이 넘는 오랜 역사를 가지고 있는 것이며, 글로서 기록된 시기는 한웅대성존이 BC3898년의 분이므로 지금으로부터 대략 6000년에 이미 성문화된 역사를 가진 것으로 보입니다.

그렇다면 1920년대 빅뱅 이론을 창시한 '프리드리만'이나 '르메트르'가 아이러니하게도 혹시 그 당시 우리보다 먼저 천부경을 해석한 것은 아닐까 하는 우스꽝스러운 생각을 해 봅니다.

그러니 빅뱅 이론이 등장한 이 시대 이전에 누구라도 천부경을 빅뱅 이론처럼 설명했다면 이해할 수 있는 사람이 얼마나 있었을까요?

---

[4] 계연수, 《한단고기》, 임승국 역, 정신세계사, 1986, 232쪽.

차라리 아주 먼 옛날 같았으면 불경이나 성경처럼 천부경 역시도 그냥 믿고 외우라고 하여 대중들로 하여금 그냥 믿게 만들었을 수도 있었을 것입니다.

어쨌든 천부경을 빅뱅 이론으로 설명할 수 있는 부분도 있으나 그럼에도 천부경의 본문 내용 중에는 지금의 현대 과학으로도 아직 풀리지 않는 것들이 있습니다.

그것은 바로 삶과 죽음에 관한 한 내용입니다.

다시 문구 해석으로 들어가 보겠습니다.

여기서 하늘 天은 우리말로 하늘 그 자체이며 영어의 SKY로 단순히 해석될 수 있고요, 혹은 종교성이 없는 HEAVEN의 개념도 포함될 수 있습니다.

천일일(天一一)에서 앞쪽에 나오는 한 一 字는, 천부경에서 최초로 나오는 단어인 한 '一'의 의미로 '우주(UNIVERSE, COSMOS, SPACE)'를 뜻하며, 바로 그 뒤에 나오는 '一'의 의미는 첫 번째(The first)를 의미하는 동시에 숫자 1(No.1)이라는 의미를 지니고 있습니다.

그러므로 한 一 字는 우주의 의미와 하늘의 의미가 동시에 있다고 보며 당연히 숫자 1로서 하늘(天)을 의미하고 있는 중의적인 역할을 하고 있다고 말씀드렸습니다.

천부경에 나오는 한 一 字의 의미가 우주를 나타내고 하늘을 나타내고 첫 번째라는 의미와 숫자로서의 1이라는 것까지 여러 중의적인 의미를 담고 있음에도 불구하고, 아무리 해석을 하려 해도 신(神)의 의미는 담고 있지 않다는 것입니다.

천부경을 작성하신 우리 선조께서 이미 만 년 전에 모든 우주의 비밀을 알고 계셨던 것이고 이를 바탕으로 하여 인간의 존엄함을 설명하는 글을 남기셨고, 이것을 대대손손 널리 알리려 하셨으나 무슨 연유에서인지 어느 순간 갑자기 천부경을 해석하지 못하는 일이 발생하였던 것 같습니다.

그래서 그 이후로 천부경 본문은 비석이던 책으로든 그 어떤 식으로든지 가까스로 후대로 전달이 되긴 하지만 천부경이 담고 있는 고유의 의미를 잃어버리고 우주나 하늘이 하느님이나 신(神)으로 묘사되기 시작하는 일들이 발생한 것 같습니다.

일부에서 천부경과 삼일신고(三一神誥)를 들어 천부경의 해설서라는 말을 하지만, 삼일신고에서 神을 얘기하고 있는 것을 보면 서로 연관성이 멀어 보입니다.

다만, 천부경에 나오는 우주나 하늘의 개념이 후대에 변질되고 종교화되어 하느님으로 변하기 때문에 삼일신고(三一神誥)와 같은 책이 나올 수 있어 보입니다.

어쨌든 중요한 건, 결국 천부경에는 神이라는 개념 자체가 들어 있지 않다는 것입니다.

그런 의미에서 다시 한번 처음 문구부터 해석해 보면 이렇습니다.

一始無始

一析三極無盡本

天一一

地一二

　　人一三

'우주의 시작은 무에서 시작된다.'

'그 우주는 3극의 고유한 모습으로 나누어져 각자의 고유 형태를 간직한 채 영원불변하다(하늘은 하늘의 모습으로, 땅은 땅의 모습으로, 사람은 사람의 모습으로 각각 영원하다).'

'하늘은 우주로부터(비롯되어) 제일 먼저 탄생하였으며 숫자 1로 의미가 되고,

땅은 우주로부터(비롯되어) 두 번째로 탄생하였고 숫자 2로 의미되며,

사람은 우주로부터(비롯되어) 세 번째로 탄생하여 숫자 3으로 의미 된다.'

그리고 그다음의 문구는 우주 3대 요소 중 본 천부경의 중심인 인간에 대한 내용으로 넘어가며 인간 탄생의 비밀이 서술됩니다.

21

一積十鉅無櫃化三

- 우주는 모든 것을 거대하게 모으나 담을 그릇이 없어 사람으로 되게 한다.
- 우주는 모든 것을 거대하게 모으나 사람이 되게 할 그릇이 없다.
- 우주에 모든 것이 거대하게 모아지나 사람으로 되게 할 그릇이 없다.

다시 또, 여러 개의 기댓값을 가지고 해석을 몇 개 만들어 보았습니다.

정말 고민됩니다, 저 중에 어떤 해석이 옳다고 해야 할지.

앞에서와 마찬가지로 위의 세 가지 해석 중 딱히 뭐가 맞는다는 것보다는 자꾸 반복해서 읽다 보면 一積十鉅無櫃化三의 의미가 몸에 와닿는 것을 느낄 수 있습니다.

십(十)의 의미는 앞에 설명했듯이 '전부', '전체' 즉 하나의 우주에서 발생한 '모든 것'을 의미합니다.

그리고 클 거(鉅)의 의미는 전우주적 개념을 강조하는 것입니다.

궤짝 '궤(櫃)' 자의 의미는 '뭔가를 아주 크게 담을 수 있는 용기'를 나타내는 말로 사용된 것이므로 저는 여기서는 궤짝을 현대적 의미로 이해하기 쉽게 하기 위하여 '그릇'이라는 말로 바꾸어 해석하겠습니다.

그렇게 궤짝 '궤(櫃)' 자를 그냥 '그릇'이라고 보고 해석을 해 볼 것 같으면, '사람을 만들 만한 그릇이 없어'라고 해석을 할 수가 있고, 혹은 '담을 그릇이 없어 사람으로 되었다'고 할 수도 있기 때문에 위와 같이 해석해 보았습니다.

'一積十鉅無櫃化三' 이 문구만 놓고 보면 첫 번째 해석인 '우주는 모든 것을 거대하게 모으나 담을 그릇이 없어 사람으로 되게 한다'가 맞아 보이지만, 뒤에 나오는 문구인 천이삼지이삼인이삼(天二三地二三人二三)과의 연결성을 본다면,

'우주는 모든 것을 거대하게 모으나 (그 기운을 모아) 사람으로 되게 할 만한 그릇이 없으므로, 결국 (뒤의 문구로 연결하여) 땅을 통하여 사람을 탄생시킨다.'

이렇게도 볼 수 있고요, 또다시 연결해서 해석한다면,

'우주는 모든 것을 거대하게 모으나 담을 그릇이 없어 사람으로 되게 한다. 그리고 (뒤의 문구로 연결하여) 그 사람이 되게 하는 과정은 땅을 통하여 사람을 탄생시킨다.'

이렇게도 볼 수 있는 것입니다.

대략, '우주에 모든 것이 거대하게 모아지나, 담을 그릇이 없기 때문에 사람이 그 그릇 역할을 하게 됨으로써, 혹은 사람으로 되게 할 만한 그릇이 없으므로', '하늘은 땅을 통하여 사람을 만들고…' 등의 여러 가지 해석이 나오지만, 가장 중요한 것은 이 말의 핵심이 '우주

의 모든 기운이 집약되어 인간이 탄생하였다'는 것입니다.

　여기까지 우주의 자연발생적 과정에서 인간이 태어나는 전초단계를 설명하고 있는 것입니다.

22

天二三 地二三 人二三

바로 위의 문구에 이어서 이 문구도 인간의 탄생 비밀을 밝히는 내용입니다.

여기서 숫자 2는 당연히 땅을 의미하고요, 그리고 숫자 3 역시 사람을 의미합니다.

하늘은 땅을 통하여 사람을 태어나게 하며,
땅 역시 자신을 통하여 사람을 태어나게 하고,
(결국 드디어) 사람은 땅을 통하여 태어났다.

이 문구를 앞서 이미 나온 天一一 地一二 人一三과 같은 형식으로 해석해 보면,

天二三,
　　하늘은 땅으로부터 비롯되어 사람을 탄생시켰고,
地二三,
　　땅은 자신으로부터 비롯되어 사람을 탄생시켰고,

人二三,

    사람은 땅으로부터 비롯되어 탄생하게 된 것이다.

길게 풀이하자면, 인간은 땅을 통하여 탄생하게 되는 것인데, 이는 우주에서 거대하고 충만하게 쌓이고 모인 우주의 모든 기운 같은 것을 하늘이 땅에다 심어 놓아 결국 땅으로부터 인간이 탄생하게 된다는 내용입니다.

마치 하늘은 땅에 비를 뿌려 각종 영양분을 공급하고 햇살이 비춰 주어 아빠 노릇을 한 것이며, 땅은 하늘이 내린 모든 것을 담아 생명을 탄생시키는 역할을 하는 엄마의 노릇을 하는 것이고, 그 결과 인간은 엄마 배 속인 땅으로부터 나왔다는 이야기가 되는 것입니다.

그러니 우리 민족이 하늘을 아버지로 생각하고 땅을 어머니로 생각하는 사상이 있었던 것이 무리가 아닙니다.

《한단고기》[5] 《태백일사》의 〈고려국 본기〉에 나오는 내용을 보면 '후한의 채옹(133~192)은 그의 저서 《독단(獨斷)》에서 한국의 고전을 읽어 본 듯한 기록을 하였다. 곧 천자(天子)라는 말은 동이에서 시작되었는데 하늘을 아버지로, 땅을 어머니로 해서 태어났기 때문에 천자(天子: 하늘의 아들)라 하는 것이라고 하였다'는 말이 나오는 것을 보아, 천부경은 우리 조상님들이 지니고 있었던 사상임이 틀림없습니다.

---

5 계연수, 《한단고기》, 임승국 역, 정신세계사, 1986, 73쪽.

우리의 찬란한 고대 역사를 조선 시대 우리의 왕들마저도 숨기고 말살하려고 하는 바람에 후대에 전달이 안 되고 있었던 반면, 오히려 이런 내용이 중국의 숨어 있는 역사서에서 드물지 않게 발견되는 경우가 현실입니다.

바로 이러한 부분인데요, '천자'라는 칭호는 원래부터 중국의 왕을 지칭하는 것이 아닌, 우리 선조였던 당시 동이족에게 있어서 모든 일반 백성들이 자신들의 정체성을 나타내는 표현이었다는 것입니다.

이 말은 단군의 자손이었던 부족들이 천손민족이었음을 당당하게 선포하고 살았다는 것이며 누구도 반박하거나 부인하지 못한 정황은 당연히 중국의 한나라를 포함한 그 주변국 중에서 동이족을 포함한 연방들이 패권(覇權) 국가를 형성했다는 말이 됩니다.

바로 이 국가들이 당시 고대 12연방으로서 지금의 범 알타이어계 범주의 국가들이었을 확률이 크다고 봅니다.

그리고 하늘을 아버지로 보는 것과 땅을 어머니로 본다는 것으로 보아, 당연히 이들은 선민사상을 가지고 살고 있었다는 것입니다. 마치 이스라엘 민족처럼 말입니다.

천부경의 이번 문구인 天二三 地二三 人二三에서 보듯이, 천자 사상이 문서적 정황으로 보아 천부경에서 유래될 수밖에 없다는 것과 그리고 채용이 말했듯 천자라는 말이 동이에서 시작되었다는 것을 보면, 천부경의 기원이 만 년 전 정도라는 것을 감안할 때, 동이족이 천부경을 보유하고 있는 세력이었다는 것과 또한 그 동이족이 얼마나 오랫동안 패권을 유지하여 왔는가 하는 것 등을 유추해 볼 수 있습니다.

즉, 대략 7천 년 이상을 동이족이 당당히 천손민족인 천자로서 선민사상을 가지고 동북아의 패권을 누려 왔음을 알 수 있습니다.

그리고 천부경이 아직 다른 나라에선 발견되지 않고 우리나라에서만 발견되었다는 것을 본다면, 비록 동이족의 후세가 다른 곳으로 많이 흩어졌다 하더라도 우리만큼은 천부경의 발견으로 말미암아 동이족의 정통성을 이어오고 있다고 해도 과언이 아닐 것입니다.

천부경의 기원이 워낙 오래인지라 후대에 내려오면서 하늘과 땅이 신(神)으로 바뀌고 조상들도 신으로 바뀌고 산에도 바다에도 신들이 살게 되는 등, 피할 수 없는 샤먼 신앙의 등장은 어느 역사에서나 나타나는 인간 역사의 한 면일 뿐으로 천부경을 가진 우리에게도 부자연스러운 현상은 아니었던 것입니다.

임승국 선생에 의하면 하늘의 준말이 '한'이고, '곰(굼, 검)'이라는 말은 땅의 다른 말이라고 합니다. 즉, '곰'이라는 말은 한웅의 '한'과 대칭이 되는 말로서, 하늘이 아버지를 뜻하듯 곰은 어머니를 뜻하는 땅의 뜻이 되는 것입니다.

고대 우리의 조상님들은 땅의 신을 '곰님'이라고 불렀는데 그 흔적이 일본어에도 남아 일본말로 신을 가리켜 [가미]라고 발음한다고 합니다.

심지어 우리말에도 산실에 두르는 새끼줄을 신색(神索)이라고 쓰고 '검줄'이라고 읽으며, 제단 앞에 까는 노란 흙을 신도(神土)라고 적고 읽을 때는 '검토'라고 읽는 것은 바로 신(神)이라는 뜻을 우리네 선조들께서는 '검(금, 곰)'이라고 발음한다는 것을 볼 수 있습니다.

이렇듯 어머니는 땅이고, 땅은 또한 신인데, 고대어로 땅과 신을 가리키는 말이 '곰(곰)'이었으므로, 우리네 조상의 어머니가 웅녀(熊女)가 됨은 땅의 신을 어머니로 모셨던 것이 오랜 세월 동안 신화의 과정을 거치면서 동물인 웅녀로 된 것입니다.

홍산문명의 유적지 중 지금은 중국 땅이 점령하고 있는 우하량에서 반가부좌를 하고 발견된 6천 년 된 여신상 역시 웅녀를 가리킨다고 합니다.

〈삼성기 전편〉[6]에 보면 한국시대를 지나 신시시대의 한웅(桓雄) 씨가 웅씨(熊氏)의 여인을 아내로 거둔다는 내용과, 뒷날 사람들이 그를 지상 최고의 신이라고 받들어 제사를 지낸다는 내용을 보면 결국 우리 민족에 있어서 신이란 바로 우리네 조상이었던 것입니다.

땅과 신이 발음상 곰과 같았기에 이에 연관되어 곰이 어머니 웅녀로 등장하였을 수도 있으나 우리 역사에 등장하는 곰을 단순한 토템신앙으로만 치부할 것이 아니라, 깊은 사상과 철학적 의미를 지닌 민족상징의 하나로 기리고 인식해야 할 것입니다.

그러므로 천부경을 겨레의 중심사상으로 여겨오던 우리는 당연히 하늘이 나의 아버지이므로 아들인 내가 천자(天子)가 됨은 당연한 자연의 섭리이며, 이것을 국가나 민족에 국한하지 않고 전체 인간으

---

6 계연수, 《한단고기》, 임승국 역, 정신세계사, 1986.

로 보면 바로 인내천(人乃天) 사상이 되는 것입니다.

하늘을 아버지로 땅을 어머니로 생각했던 우리 선조들에게 있어서 신(神)이란 어떠한 존재였을까요?

우리 민족이 하늘을 아버지로 땅을 어머니로 보았다는 것은 하늘과 땅을 결코 나와 다른 존재로서 감히 쳐다볼 수도 없는 위대한 신(神)으로 생각했던 것보다는 아버지, 어머니와 같은 친밀한 가족적인 느낌의 존재로 보았다는 것입니다.

《한단고기》[7]의 〈단군세기〉에 보면, 단군조선 시대 14세 단군 고불(BC1721~1661)께서 가뭄으로 비를 바라며 하늘에 바라기를, 하늘이 클지언정 백성이 없다면 무엇에 베풀겠는가라고 합니다. 하늘의 존재 가치 역시 인간에게서 나온다는 일리 있는 항변을 하는데요, 잘 읽어 보시면 하늘에 기도하는 왕의 자세가 예사롭지 않습니다.

마치 하늘에 대고 따지며 대드는 느낌을 지울 수 없으니 말입니다.

이 말에 이어 바로 한술 더 떠, 하늘과 사람이 일체인데 하늘이 백성을 어찌 버리시느냐고 하면서, '일체'라는 노골적인 말로 하늘과 동등한 지위를 가진 상태에서 하늘에 따지는 모습이 보입니다.

마치 사춘기 아들이 아버지한테 대들듯 말하는 느낌이 납니다.

다른 나라 역사에서 보는 기우제나 지금의 그 어떠한 종교들처럼 무조건 신(神)에게 애걸복걸하면서 살려 달라는 식의 애원이 절대 아닙니다.

---

7 계연수,《한단고기》, 임승국 역, 정신세계사, 1986, 90~91쪽

기도의 내용 자체가 우주에서 하늘과 인간이 각기 3극(析三極無盡本)으로 나누어졌다고 하는 의미로, '하늘과 사람이 일체인대…'라는 말로 이미 하늘과 인간을 동일한 존재감으로 인식하여 말하고 있는 것입니다.

이렇게까지 당당한 자세로 감히 하늘에 기도한다는 것은 당시만 해도 샤먼 신앙적인 요소가 등장했을지언정, 천부경의 인간 존중 사상이 제대로 반영되어 전달되고 있었음을 알 수 있는 대목입니다.

23

大三合六生七八九

이 문구는 숫자 6이 나온 근거와 이 '6'으로 인해 만들어지는 것들이 무엇인지를 설명합니다.

먼저, '大三合六' 이 문구에 나오는 석 삼(三) 자는 그 앞에 대(大) 자가 붙은 것으로 봐서 숫자 3이 사람을 의미하는 것이 아닙니다.

여기에서 삼(三) 자는 수식어인 대(大) 자가 붙은 형태로서, 마찬가지로 석삼극(析三極)에서의 '3'과 같은 뜻으로 풀이하여 '천지인(天地人)'으로 해석해야 합니다.

대삼(大三)을 의미하는 천지인(天地人)은 각 일(一), 이(二), 삼(三)인데 이 셋이 합쳐서 육(六)이 된다는 것인데요, 앞에 설명해 드린 대로 하늘과 땅과 사람이 합쳐져 우리가 살고 있는 이 세상이 만들어졌다는 것입니다.

그리고 '六生七八九'는, '천지인이 합쳐져 육(六)이라는 세상을 이루었고, 다시 그 세상(六)은 칠(七), 팔(八), 구(九)를 탄생시킨다'라는 말로 풀이가 됩니다.

이런 맥락으로 보아도 칠(七), 팔(八), 구(九)의 주체는 당연히 인간이 되는 것입니다.

역시 이 부분에서 다시 한번, 천부경 자체가 인간에 대한 글임을 염두에 두어야 할 것 같습니다.

천부경은 온통 그 주제도 인간이요, 그 대상도 인간인 것입니다.

앞에 숫자 설명을 다시 짚어 보자면, 칠(七)은 마음, 뜻, 정신 좀 더 구체적으로는 인간의 자율 의지라고 했고, 팔(八)은 삶 혹은 인생이고, 구(九)는 저승 내지는 죽음을 뜻한다고 했습니다.

칠(七), 팔(八), 구(九)가 생겨났다는 것은 인간의 탄생에서 죽음까지의 과정을 함축적으로 표현한 것입니다.

물론 아기가 방금 태어나도 감정(7)이라는 것이 있긴 있으나, 여기서 설명하는 칠(七)의 의미는 마음, 정신, 자율 의지 등, 즉 성숙한 인간상을 얘기하는 것이므로, 이 세상(6)이 생기고 그 속에서 사람의 감성(7: 감정, 마음, 정신, 자율 의지 등)이 생겨났다는 것은 아기가 탄생한 이후로 성장하면서 얻어지는 감정(7)을 말하는 것입니다. 그리고 다음에 삶(8)이 나오고, 또 죽음(9)을 맞이하는 것으로써, '7, 8, 9'라는 문구는 인간이 태어나서 죽을 때까지 살아가는 순환의 과정을 함축적으로 정갈하게 잘 표현한 문구입니다.

이렇게 '大三合六生七八九'를 본격적으로 해석해 보면, '천지인(大三)이 조화(合)를 이루어 이 세상(六)이 만들어지고, 그 세상(六)에 인간의 마음(七: 감정, 의식, 정신, 의지)과 삶(八: 인생)과 죽음(九: 저승)이 생겨났다'는 것으로 해석이 됩니다.

좀 변화를 줘서 해석해 보면, '천지인(大三)이 합(合)하여 조화로운 세상(六)이 만들어지니, 이 세상(六)에 사람의 정신(七)과 삶(八)과 죽음(九)이 생겨났다' 혹은 '천지인의 조화로 세상이 맺어지니, 인간의 의식과 삶과 죽음이 생기게 되었다'라고 해석함이 그나마 근사해 보입니다.

여기서 숫자 7이 의미하는 '인간의 마음', '감정', 혹은 '정신', '의식', '의지' 중에서 단도직입적으로 하나의 뜻만을 가져와 대입해서 해석해도 틀리진 않겠지만, 전체 문장의 흐름에 맞게 해석해 보려면 하나의 뜻만을 대입해서 해석하는 것에 상당한 부족함을 느낍니다.

'7'의 의미가 인간의 마음이나 정신, 의지, 의식 혹은 인간의 생각 체계 같은 모든 것들을 한꺼번에 의미하고 있고 또한, 이런 모든 의미를 하나로 묶어서 뭐라 표현할 수 없기 때문에 이 부분에 있어서 상기와 같이 동일한 문구를 놓고 일부러 여러 가지로 해석해 본 것은 독자 분들께서도 다양한 각도에서 보아 주십사 하는 바람에서 그런 것이며, 그리고 이렇게 여러 가지 해석이 나올 수밖에 없음을 역시 이해해 주시기 바랍니다.

천부경이 결국 사람을 위한 글이라는 것을 여기서도 볼 수 있습니다.

글의 흐름을 보면, 무에서 시작된 우주는 하늘과 땅과 인간을 만드는 데 있어 우주의 모든 기운을 모아 하늘로 하여금 땅을 통하여 결국 인간을 탄생시킨다는 것까지가 이전 문구까지의 내용들이었고요. 이번 문구는 사람이 세상에 태어나서 정신(7)이 생기고, 살아가고(8), 죽는다(9)는 인간의 삶의 과정을 묘사하고 있는 것으로 보아,

천부경은 철두철미 인간 위주의 글이며, 인간이야말로 우주가 궁극적으로 탄생시키고자 하는 최후의 결정체라는 귀중한 존재의 의미를 문장 곳곳에서 강조하고 있는 것입니다.

여기까지 보면, 참 신기한 것이 인간은 우주의 작용에 의해 최후에 탄생한 결정체임에도 우주 3요소 중 유일하게 죽음을 가진 존재입니다.

그런데 이렇게 보니까 천부경 두 번째 문구에 '석삼극무진본(析三極無盡本)'이라 하여 사람 역시도 그 본(本)이 끝이 없다고 하였습니다.

물론 인간은 아기를 낳고 그 아기가 커서 또 아기를 낳아 끝없이 이어진다는 의미로 사람도 영원하다고 표현한다면 그것도 틀리지 않습니다.

그러나 나 자신만 놓고 볼 때 나 자신이 죽으면 끝이라고 생각하니 좀 이상하고 허무합니다. 그도 그런 것이, 내가 죽으면 그뿐이라고 생각하면 영원하다는 의미가 무슨 의미가 있을까요?

천부경에서는 그 본(本)이 영원하다고 분명히 명시하였는데, 내가 죽어 나의 생명이 완전히 사라지고 그다음 내 자식이 연결해서 살아간다는 것을 두고 '본(本)이 영원하다'라고 표현했을 것 같지는 않아 보입니다.

만약 사람이 죽는 것에 상관없이 후대를 이어가는 것을 두고 영원하다는 식으로 표현하고자 한다면, 좀 우격다짐 같지만, 차라리 본(本)이 영원하다고 하기보다는 종(種)이나 상(象)이 영원하다는 식의 표현을 했을 것 같습니다.

천부경에서 분명히 사람을 두고 본(本)이 영원하다고 표현한 것은 단순하게 자식으로 후대를 이어간다는 것 이상의 의미가 있다는 것입니다.

이 말은 인간의 본이 육체가 아닌 영혼에 있다는 것으로서 비록 육체는 땅으로 다시 사라져도 영혼은 계속 순환하며 영원하다는 의미가 담겨 있는 것으로, 이러한 내용 역시도 다음에 이어지는 천부경에 등장합니다.

그리고 흥미로운 부분이 있어서 잠시 말씀드리고 싶은 게 있는데요, 단순한 우연일 수 있지만 大三合六生七八九에 나오는 '7, 8, 9'를 다 더하니 24라는 숫자가 나오는데, 이 24라는 수는 순환(循環)을 의미하는 수처럼 보입니다.

왜냐하면, 우리는 예부터 절기를 24등분하여 절기의 순환을 나타내었고, 현대 과학도 지구의 경도를 24등분하였기 때문에 하루의 시간도 24시간이 되는 것입니다.

우연이든 아니든 24라는 수는 인간의 역사에 있어 반복해서 돌고 도는 순환의 의미가 부여된 숫자이고요, 천부경에서도 7, 8, 9를 인간이 세상에 나타나 삶을 겪고 죽는다는 순환의 메커니즘을 표현하고 있는 것으로 보아, 이들 숫자 7, 8, 9의 합이 묘하게 24가 된다는 것이 흥미로워 말씀드립니다.

다시 한번, '大三合六生七八九'라는 이 문구를 정리하자면, '대삼(大三: 天地人)이 합쳐져 이 세상(6)을 만들고 이 세상(6)이 있으므로 해서 인간의 마음(7)과 인생(8)과 죽음(9)이 생겨났다'라고 해석될 수 있습니다.

그리고 마음이 생기고, 인생을 살고, 죽음을 맞이한다는 것은 인간이 세상에 '태어나서, 살고, 죽는 것'이 되므로, 결국 7, 8, 9를 순차적으로 나열함은 인간이 이 세상에 태어나서 살아가고 죽는 순환 형태를 차례대로 표현하고 있는 것입니다.

24

運三四成環五七

본 문구에서 운삼(運三)이라 함은 '사람을 움직인다는 것' 혹은 '사람이 움직인다는 것'으로 해석될 수 있습니다.

해석하자면, '사람(三)이(을) 움직인다(運)는 것은 생명(四)이 몸(육체: 五)과 마음(정신: 七)을 둘러(環) 이루었기(成) 때문이다'라고 됩니다.

결국, 생명(四)이 몸(五)과 마음(七)을 감싸 둘러(環) 연결하여 하나의 완성된 개체로 묶어 이루고(成) 있기 때문에 사람이 움직이는(運) 것이므로 사람이 살아 움직인다는(運) 것의 원천은 바로 생명(四)이라는 것을 설명하고 있는 것입니다.

사람이 움직인다는 것은 사람이 살아 있다는 것이고 사람이 살아 있다는 것은 생명이 붙어 있기 때문인 것으로, 지극히 당연한 얘기 같지만, 생명이 몸과 마음을 감싸고 둘러 이루고 있기 때문이라는 것은 좀 생소하게 와닿는 느낌이었을 겁니다.

저는 그래서 여기 나오는 생명이라는 것을 동시에 인간의 '혼' 혹은 '영혼'이라고 봅니다.

이 부분에서 상당히 고심을 많이 하였습니다.

영혼이라는 해석이 등장하기 때문에, 종교적 색채나 편견이 없이 해석할 수 있을까 하는 생각과 혹은 미신적 요소라도 풍기지 않을까 걱정스러웠고 그래서 영혼이라는 단어를 피해서 해석해 볼까도 고민했지만, 저 자신이 종교가 없으므로 오히려 이런 부분의 해석이야말로 누구보다 종교나 미신으로부터 자유롭고 객관적으로 해석할 수 있는 상황이기 때문에 당당히 천부경을 있는 내용 그대로 편견 없이 해석할 수 있었다고 자부합니다.

그러면 생명이 '혼'이라는 말이냐는 질문에 대해 제 대답은 '그렇습니다'라고 말씀드립니다.

게다가 생명이 몸과 마음을 둘러 이루고 있기 때문에 사람이 움직인다는 말 역시도 당연히 그렇다고 봅니다.

이 말은 또, 우리 인간의 주체 혹은 핵심이 몸이나 마음(정신)이라기보다는 '생명'에 있다는 것을 천부경에서 알려 주는 것입니다.

이 글을 읽으시는 독자분들께서도 한번 생각해 봐 주시기 바랍니다. 본인이 자신 마음대로 생각할 수 있는 존재인 이유가 과연 뇌가 있어서일까요? 아니면 생명이 있어서일까요? 과연 지금 내가 생각을 할 수 있고 몸으로 느끼는 것이 죽어 있는 시체와 어떤 차이가 있어서인가를 생각해 보면 지금의 나는 생명이 있는 존재라는 차이를 바로 아실 수 있습니다.

일석삼극무진본(一析三極無盡本)은 하늘과 땅이 영원하듯이 사람도 영원하다는 말이 성립될 수 있음을 알려 주는 문구인데요, 사람의 진정한 핵심이 몸도 아니고 마음(정신)도 아닌 '생명', 즉 '혼(영혼)'이라면, 사람도 사라지지 않고 영원히 '영생' 혹은 '재생'을 할 수 있는 존재이기 때문에 '사람도 영원하다'는 말이 충분히 성립 가능한 얘기가 되는 것입니다.

그래서 혼(四)이 몸(五)과 마음(七)을 묶어야 비로소 살아 있는 사람이 된다면, 인간의 육체도 그러하거니와 인간의 마음(생각, 정신)이라는 것 역시 살아 있을 때만 성립되는 요소가 되는 겁니다.

거꾸로, 사람이 죽으면 살아 있을 때의 성숙한 인간의 마음이 영혼으로부터 사라지기 때문에 죽은 사람의 영혼은 살아 있을 때의 성숙한 인간의 마음과는 많이 다른, 마치 원시적 형태의 생명체와 같은 상태를 띠게 되는 것이 대부분입니다. 드물게 성숙한 영혼의 형태를 띠는 것도 있습니다.

즉, 만약 누군가 소위 죽은 영혼(四)이랑 대화를 한다면, 그가 살아 있을 당시 인간의 몸(五)과 마음(七)이 이미 사라졌기 때문에 대부분 경우 영혼(四)만 단독으로 존재하고 있는, 소위 죽은 사람과의 대화가 살아 있는 사람과 대화하는 것같이 정상적인 사고로 진행이 될 수 없을 것이라는 겁니다.

이런 부분에 대해서 옛날 분 중에는 여차여차한 이유로 돌아가신 분들과 대화했다는 이야기들이 종종 전해 내려오고 있습니다.

그중에 어떤 분은 무당 같은 존재 등을 통해서 얘기하기도 하고 어떤 분은 꿈에 나타나서 얘기하기도 하는데, 돌아가신 분들과 대화했다는 사람들의 말을 들어 보면 죽은 영혼들의 말투가 정상적이지 않다는 것입니다.

　무당이 영매가 되어 돌아가신 영혼과 대화하는 걸 보면, 어떤 경우는 빙의된 할머니가 손자 몸에 들어가서 계속 배고프다고 칭얼거리는 등, 살아생전과는 다르게 거친 말투 내지는 어리광스러운 말투를 하는 경우가 많고요, 또 어떤 영혼은 그저 처량하게 울고만 있는 경우도 있습니다. 혹은 옛 분들이 말씀하시길, 돌아가신 분이 꿈속에 나타나 자식이든 손자든 귀엽다고 쓰다듬으면 귀여움 받은 아이가 갑자기 아프거나 저승으로 갈 수도 있다는 얘기도 제가 어릴 때 들었던 내용입니다.

　이렇게 보면 육체가 없는 영혼, 즉 죽은 사람의 영혼은 정상적인 사람과 너무나 다릅니다. 정상적인 인간의 사고방식으로선 이해하기 힘들고요, 대체로 정상인의 입장에서 보면 어린아이 이하의 사고방식을 가진 대상과 대화하는 모양새입니다.

　그러므로 이 부분 '運三四成環五七'의 해석을 좀 더 정확히 하자면, 여기서 '運三'은 단순히 사람이 움직이는 것이 아니라, '사람이 살아 움직인다'는 것으로 표현해야 전체 문구가 성립합니다.

　'사람(三)이 살아서 움직인다(運)는 것은 생명(영혼)(四)이 몸(五)과 마음(七)을 감싸고 둘러(環) 이루고(成) 있기 때문이다.'

　이렇게 말입니다.

　어쨌든 과학적 근거가 없이 그냥 주위들은 경험으로 이러한 옛사람들이 겪어온 경험이 맞다고 보면, 몸과 마음에서 분리된 영혼은 살아생전의 이성적인 인간과 같은 수준의 생각이나 표현이 안 된다는 것입니다.

  지금의 의학이 아직 풀지 못한 부분이긴 하지만, 이와 비슷한 현상에 대해서 여러 매체에서는 이미 일부 인정하는 부분이 있습니다.

  현대 의학에서는 사람 간 장기 교체가 가능합니다. 눈의 각막, 신장, 간, 심장 등이 그러한데요, 특히 그중에 심장이식에 특이한 현상이 나타납니다.

  어떤 사람에게서 기증받은 심장을 다른 사람에게 이식할 경우 심장이식을 받은 사람의 마음이 그 이전에 살던 때의 마음 혹은 성격과 완전히 바뀌는 현상이 허다하게 나타나고 있다는 것입니다. 예를 들어, 원래 술을 그렇게 좋아하고 폭력적인 성격이었으나 심장이식을 받은 뒤로 온순해지고 착해졌다는 둥, 혹은 그 반대의 현상 등이 나타나기도 한답니다.

  이렇게 심장이식 수술을 받은 사람의 마음씨 혹은 성격이 바뀐 이유는, 죽어서 심장을 기증한 사람의 성격 혹은 마음씨가 그 심장에 그대로 남아 있다가 기증을 받은 사람에게로 넘어와 그 사람의 성격이나 마음씨를 바꾸기 때문입니다.

  이 말을 증명이라도 하듯, 사람에게 최면을 걸어서 당신의 마음이 어디에 있는지 가리켜 보라고 하면 자신의 손가락으로 심장을 가리킨다고 합니다.

  심지어 심장은 기억력이 있어서 심장이식을 받은 사람의 머릿속에서 혹은 꿈속에서 심장을 기증한 죽은 이의 과거 행적들이 떠오르는 경우가 많다고 합니다.

참 이상한 일이지요?

현대 의학에서는 그 원인을 아직 풀지는 못했으나 이러한 현상은 분명히 존재합니다.

이 현상을 놓고 보면, 사람의 '마음'은 뇌에 있다고 하기보다는 심장에 있다고 보는 것이 맞을 것입니다.

다시 말해 심장의 하드웨어적 요소가 그 사람의 마음 혹은 성격을 결정한다는 것입니다.

최근의 인지심리학자들의 얘기를 들어봐도 사람은 절대 안 변한다고 합니다. 육체적으로 어느 정도 성장이 완료되면 그 후로는 나이를 먹어도 성격이 잘 바뀌지 않다가 다시 나이가 들어 육체적으로 노쇠해지면 다시 성격도 조금씩 변한다고 합니다.

이런 면에서 보아도, 사람이 변하지 않는다는 것은 마음을 담당하고 있는 신체 기관인 심장의 구조가 변하지 않기 때문이며, 동시에 심장이식 수술을 받은 사람의 마음이 변하는 걸 보면 분명 인간의 마음은 심장에 있는 것이 맞아 보입니다.

이런 것이 다 사실이라면, 과연 이 현상은 뭘 말하는 것일까요?

결론적으로, 몸의 하드웨어적 요소에 의해서 사람의 마음이 결정된다는 것이고 그 마음의 역할을 담당하는 우리 몸의 장기가 바로 심장이라는 것입니다.

그러므로 홀로 존재하는 영혼은 마음(심장)이 없는 존재가 되며, 혹시라도 마음이 없는 영혼을 살아 있는 사람들이 만날 수 있다면, 살아 있는 사람이 영혼을 대할 때 그 존재가 정상적으로 보일 리가 없게 되는 것입니다.

자칫 이 부분에서 이 글을 쓰고 있는 제가 혹시라도 미신을 신봉하든지 아니면 이상한 종교에 속해 있든지 하는 오해를 살까 봐 아예 쓰지 않으려 했지만, 윤회라는 천부경의 중요한 사상을 또한 설명하지 않을 수 없을 것 같아 그냥 제 소신껏 작성하는 것입니다.

제가 생각하는 영혼이라는 것은, 살아 있는 육체 속에 존재하다가 죽음으로써 육체와 분리되면 그때 저승 세계로 가는 존재인 것입니다.

그런데, 자연의 법칙에 항상 예외가 있듯이 무슨 이유인지 저승 세계로 바로 가지 못하는 영혼들이 종종 있는 것 같습니다.

그런 영혼들을 위해 무당이나 아니면 퇴마사 혹은 스님 등이 소위 이승에서 머물러 있는 영혼을 하늘로 올려 보내는 천도를 하게 되는데, 그렇게라도 올라가는 영혼은 다시 정상적인 윤회의 과정에 들어가게 되는 것이라고 봅니다.

살아 있는 사람이 이승에서 존재하듯이 죽은 영혼은 저승에 있어야 맞는 것입니다. 그런데 무슨 현상인지 어쩌다가 저승에 가지 못한 영혼이 이승에 있다 할지라도, 이러한 존재들은 정상적인 인간과 물질적 사이클이 다르기 때문에 서로 간의 접촉이나 의사소통이 불가능합니다.

다만, 비록 영혼이 이승에 있든 아니면 저승에 있든, 좀 예외적으로 서로 간의 사이클이 맞아 꿈에서 나타날 수도 있고, 아니면 고의적으로 일부 종교의식을 통해서 혹은 무당 등과 같은 영매를 통하여 대화하는 경우를 드물게 볼 수 있습니다.

이러한 영적인 현상들을 아직까지는 과학적으로는 증명하기 어렵습니다.

하지만 실제 우리 주변에 분명히 존재하는 현상이므로 과학적 증명이 안 된다고 해서 허구라고 할 수는 없는 것입니다.

과학적으로 증명이 안 되는 이유는 그 현상이 허구라서 그럴 수도 있겠으나, 현대의 과학 자체가 아직 미발달하였기 때문에 그 현상을 알아낼 수 없는 이유가 훨씬 크다고 하겠습니다.

비록 아직까지 현대 과학으로 이러한 현상들을 설명하긴 어렵지만 인류의 오래된 종교의 하나인 불교에서는 '윤회'라는 말로 충분히 설명됩니다.

과학이 맞을까요? 종교가 맞을까요? 잘 모르겠습니다만, 하여튼 천부경의 이번 문구는 인간도 생명(혼)의 순환을 통하여 하늘과 땅처럼 영원하다는 것을 구체적으로 설명하고 있는 부분이고요, 그러면 왜 인간에게 이렇게 거듭되는 윤회의 현상이 나타날까 하는 생각을 해 봤는데, 이것은 아마도 영혼이 성숙해지는 과정을 위한 것으로 보입니다.

이것은 마치 우주가 무에서부터 작게 출발하여 팽창하며 커지는 과정에 있는 것처럼, 이와 똑같은 우주의 법칙으로써 인간의 영혼이 커 가는 과정이 윤회라는 생각입니다. 다시 말해, 영혼이 성숙하게 진화해 가는 과정이 아닌가 싶습니다.

그래서 위에 설명해 드린 부분 중, 주변에서 가끔 일어나는 일로 죽은 영혼과 대화하는 걸 보면 죽은 영혼들이 살아 있을 때의 마음(심장)을 잃어서 그런지 대부분의 죽은 영혼들은 마치 어린애와 같거나 혹은 원시적인 생명체처럼 칭얼대거나 어리광스럽게 얘기하는 걸 볼 수 있지만, 드물게 어른스러운 말투를 쓰는 영혼도 있는 걸 보면 아마도 제 생각엔 윤회의 성숙도의 차이가 아닌가 하는 생각을 해 봅니다.

저는 이러한 현상 역시도 우주 혹은 자연의 법칙 중 하나로 당연히 언젠가는 과학으로 설명될 수 있다고 믿지만, 아직은 이러한 영적 현상 같은 것들을 지금의 과학으로 풀어내기란 한참 시기상조라고 보입니다.

결국, 천부경은 현대 과학의 척도에 상위하는 존재라고 감히 말씀드리고 싶습니다.

25

一妙衍萬往萬來

'一'은 우주 혹은 하늘을 상징하는데, 본 문구에서는 그냥 하늘이기보다는 '하늘의 섭리' 혹은 '우주의 메커니즘' 혹은 '우주의 원리' 정도로 의역하여 한 一 字를 해석함이 어울립니다.

'하늘의 섭리(一)는 묘(妙)하게도 흐르(衍)는구나,
모든 만물(萬)이 가고(往) 오는(來)구나.'

모든 만물이 가고 오는 것은 세상이 다 아는 일인데, 왜 굳이 만물이 가고 오는 것에 '묘(妙)하다'라는 말을 썼을까요?

단순히 봄, 여름이 지나면 가을, 겨울이 오고 다시 또 봄이 찾아오고, 꽃이 지고 또다시 피고 하는 게 신기해서 '묘하다'라는 표현을 했을까요?

앞에 나온 문구들에서 하늘, 땅, 사람이 어떻게 생겨나고, 인간이 어떤 원리에서 생겨나 살아가는가에 대한 내용도 이미 저에게는 어마어마한 충격이었는데, 여기에 더해서 이 글을 정리하신 혹은 작성하신 분이, 갑자기 이 부분 '만물이 가고 오는 것'에서 유독 '묘하다'라는 말을 했다는 것에 대해 저는 흥분하지 않을 수 없었습니다.

어찌 보면 생뚱맞기까지 해 보입니다.

하지만, 절대로 '묘하다'라는 말이 그냥 단순하게 나온 게 아니고, 반드시 무슨 숨은 뜻이 내포되어 있지 않냐는 생각이었습니다.

도대체 뭘 보고 '묘하다'라는 말을 썼을까요?

천부경은 그 주어가 사람입니다.

우주를 얘기한 것도 인간 탄생의 근본을 설명하기 위함이었고 하늘과 땅이 등장하는 것도 결국 사람의 탄생을 설명하기 위함이었습니다.

그리고 사람이 어떻게 살아 움직이는가에 관한 것, 게다가 사람이 어떤 식으로 구성되어 있는가를 설명하는 것까지 오로지 그 모든 초점이 인간을 설명하기 위한 것이었음을 볼 때, 만물이 가고 온다는 내용이 등장한 것 역시도, 인간을 설명하기 위한 것으로 봐야 합니다.

왜냐하면 이 문구 다음에 뒤에 따라오는 문구들에서도 결론은 역시 인간이기 때문입니다.

그러므로 만물이라는 말의 중심에 인간이 있는 것이고, 그 인간에 대한 무엇인가의 숨겨진 사실을 발견하고는 인간도 그래서 만물의 하나라는 새로운 사실의 발견에 대한 감탄사가 바로 '묘하다' 혹은 '묘하게 흐른다'인 것입니다.

천부경 전반에 흐르는 사상적 분위기 중의 하나가 '영원하다'라는 것입니다.

一 妙衍萬往萬來

거대하게 볼 땐, 우주가 無에서 나서 無로 없어지듯, 우주 안에 있는 모든 것도 계속 돌고 또 돈다는 것이지요.

이 우주도 영원하고, 우주에서 파생된 하늘과 땅도 그렇고 모든 것이 다 영원하다는 것입니다.

그렇다면 사람은 어떤 식으로 영원한 존재가 될 수 있을까요?

천부경 81자는 어느 사상이나 현상을 표현하기엔 너무 적은 글자 수입니다.

그럼에도 불구하고, 천부경을 쓰신 분께서는 '사람이 어떻게 해서 영원한 존재인가?'에 대한 해답을 알아낸 순간, 81자밖에 담을 수 없는 천부경의 짧은 본문 속에 놀라움을 표시하는 '묘(妙)'라는 형용사 한 글자를 굳이 집어넣었던 것입니다.

그리고 그 놀라움을 나타내는 단어를 이용하여 무엇인가를 수식하려 했던 그 말이 드디어 이다음에 나옵니다.

그것은 바로 '만왕만래(萬往萬來)'입니다.

그리고 천부경의 주어가 사람인 만큼, 만물의 하나인 사람 역시도 '가고(往) 또 오는(來) 존재'로서 영원하다는 뜻까지 내포하고 있습니다.

바로 이 부분에서 이 글을 정리하신 우리 선조분께서는 놀라움을 금치 못하며 '묘하다'라는 표현으로써 인간도 윤회를 통해 영원하다는 것에 대해 자신의 깨달음을 강조하면서까지 후대에 알리려 하시는 모습이 역력히 보이기 때문에 저는 이 문구에서 이 글을 지으신 우리 선조의 강한 인간미를 느끼는 것입니다.

보통 사람들의 경우 천부경을 이해하지 못하는 상황이라면, 아무리 봐도 죽으면 모든 게 가는 것(萬往)으로 끝나는 것 같은데, 또다시 만물이 온다(萬來)는 것을 윤회라는 메커니즘을 통해서 이해하기란 쉽지 않습니다. 물론 천부경의 영향을 받은 것으로 보이는 불교는 예외고요.

물론 앞 문구 해석에서 이미 설명해 드린 바 있듯이 천부경에서 말하는 윤회는 '생명의 윤회'로서, '생명(生命)' 혹은 '혼, 영혼'이 가고 또다시 오는 것을 의미합니다.

앞에서 숫자 9의 해석으로도 미리 말씀드린 바 있지만, 9를 풀이하여 '6+3'의 형태로는 6(세상) 다음에 오는 3(사람)은 세상을 벗어나 죽은 사람이고요, '3+6'의 형태로 6(세상) 앞에 오는 3(사람)은 세상에 나올 준비를 하고 있는 사람이라고 말입니다.

그래서 사람(3)은 이 세상(6=1+2+3) 안에 존재하고 있는 살아 있는 사람(3)과, 9의 의미에서 말하는 이 세상(6)을 떠나 있는 사람(3)이 있는데, 세상(6) 밖의 공간을 우리는 흔히 저승이라고 표현한다고 말씀드렸습니다.

그리고 '생명'은 살아 있는 사람에게 붙여진 혼의 의미이며, 이 세상(6)을 떠나 있는 사람의 생명을 우리는 '영혼'이라 표현하는 것이 적절하다고 봅니다.

숫자 9를 파자함에 있어 '9=3+6' 혹은 '9=6+3' 이 형태를 놓고 만약 3(사람)을 중심으로 생각하지 않고 6(세상)을 중심으로 생각한다면, 이 형태에 있어서의 사람(3)은 세상(6)의 밖에 존재하고 있는 것을 알 수 있으며, 세상을 떠나 있든 혹은 세상에 나올 준비를 하든, 어쨌든 이 세상(6)에 없는 존재는 세상을 떠났거나 혹은 다시 올 존재가 동일한 존재로서 숫자 3으로 똑같이 표현되는 것입니다. 즉, 죽은 사람이나 다시 태어날 사람이나 같다는 것 자체가 윤회를 설명한다고 하겠습니다.

그러므로 숫자 9에 대한 의미를 가장 잘 설명한 천부경의 문구를 본문 속에서 찾는다면 바로 이 '만왕만래(萬往萬來)'라고 할 수 있습니다.

그래서 '우주가 세 개의 극(하늘, 땅, 사람)으로 나뉘어서 각각 영원하다'라는 표현을 이해할 수 있는 문장이 바로 이 문장이 되는 것입니다. 그러므로 '사람' 역시도 하늘과 땅처럼 영원한 존재인 것입니다.

정리하자면, 천부경이 본 문구를 통하여 유일한 감탄사마저 집어넣어 가며 강조하고자 했던 것이 '사람은 죽고 또다시 태어난다'는 것으로써 이것은 바로 '생명 윤회'인 것입니다.

더 나아가 본문 내용 그대로 모든 만물이 가고 또 오는 것이라면 이 우주 역시도 '一始無始一'과 '一終無終一'의 문구에서 보듯 우주도 가고 또다시 태어난다는 거대한 진실을 천부경을 쓰신 분은 감탄하면서 깨달으셨다는 것을 이 문장 '萬往萬來'에서 알 수 있습니다.

미처 알지 못했던 뭔가의 현상을 깨달았을 때 비로소 저절로 터져 나오는 감탄사

'참으로, 묘하구나. 별의별 것이 다 가고 오는구나. 인간의 생명도

삼라만상 만물의 이치에 따라 죽고 또 태어나는구나.'

여기서 인간이기에 '묘하다'라는 감탄을 할 수 있었던 것이며 이 감정을 그대로 넣었다는 것 자체로 저는 천부경에서 진한 인간미를 느낍니다.

천부경의 내용만을 놓고 보자면 혹시 우주 외계에서부터 온 사상이나 과학이 아닌가는 의구심도 있지만, 이런 문구를 보면 결국 천부경을 지으신 분은 인간이었을 것이라는 확신이 듭니다.

이 문구에서 왕래(往來)라는 말의 어순에 굳이 '간다(往)'는 말을 먼저 쓰고 '온다(來)'는 말을 나중에 쓴 것 역시 의도적이라고 보여집니다. 즉, 오는 게 먼저가 아니라, 가는 게 먼저라는 것입니다.

이 어순이 중요한 이유가 있는데요, '가고 오는 것'과 '오고 가는 것'의 차이는 큽니다. 오고 가는 것은 '현세의 순환구조'이고, 가고 오는 것은 죽음과 탄생을 포함한 '내세의 순환구조'가 되는 것입니다.

그러므로 천부경에서 '가고 온다'라고 표현한 것은 생명이 죽음 이후의 어떤 순환구조 내지 순환과정을 통해 다시 '태어남'이 온다는 내세의 순환구조를 의도적으로 강조해서 설명함입니다.

천부경이 근본적으로 인간에 관한 글이라는 것은 수없이 강조해도 틀림이 없습니다. 그리고 다음에 오는 용변부동본(用變不動本)의 의미가 어떻게 인간을 설명하고 있고, 또 이 문구와 어떤 연관이 있는지 살펴보겠습니다.

26

用變不動本

'쓰임(用)은 변(變)하여도 본(本)은 움직(動)이지 않는다(不).'

조금 더 의역하면, '쓰임은 변하여도 근본은 변하지 않고 그대로다', 이 정도로 이해됩니다.

이렇게 놓고 보면 이 문구의 해석이 그리 어려워 보이지 않습니다. 다만, 그 '쓰임(用)'이라는 것이 무엇이고, 변하지 않는다는 '본(本)'의 의미가 무엇인가를 제시해 주기가 어려울 뿐이지요.

이번, 용변부동본(用變不動本)에서 '본(本)'은 일석삼극무진본(一析三極無盡本)에서의 '본(本)'과 완전 똑같은 의미입니다.

말 그대로 원래의 상태는 변하지 않는다는 겁니다.

'一析三極無盡本'에서 하늘은 하늘대로, 땅은 땅대로, 사람은 사람대로 그 원래의 상태로서 '본'이 변하지 않듯이, 쓰임은 변하여도 그 원래의 상태는 그대로라는 말입니다.

역시 그 주어가 인간입니다.

앞의 문구들에서 인간을 설명하는 도중에 나온 내용과 연결되므로 '用變不動本'의 주체는 사람이 되는 겁니다.

그래서 이 문구를 풀이하면, '인간은 그 쓰임과 형태가 계속 변하여도(用變) 하늘과 땅처럼 그 근본은 바뀌지 않고(不動本) 끝이 없다(無盡本)는 것'이라는 말입니다.

간단히 표현하면, '인간의 본은 영원하다'라는 것이 핵심입니다. 즉, 인간 자체가 영원한 것이 아니라 '인간의 본'이 영원하다는 것입니다.

이는 위의 문구에서 이미 설명해 드린 대로 인간이 영원한 것은 '생명(영혼)'이 영원한 것이므로, 인간의 본이란 결국 생명 혹은 영혼이 되는 것입니다.

이미 천부경은 이에 대한 대답을 '운삼사성환오칠(運三四成環五七)'이라는 문구에서 제시하고 있었습니다. '사람이 살아서 움직인다(運)는 것은 생명(四)이 몸(육체: 五)과 마음(정신: 七)을 둘러(環) 이루었기(成) 때문이다'라고 하여 인간의 본이 궁극적으로 '생명'이며 이 생명은 다른 말로 '혼'이나 '영혼'으로도 표현될 수 있다고 설명해 드렸습니다.

천부경이 글 전체에서 교훈을 주고자 하는 핵심 내용은 인간의 가치성(혹은 존엄성)에 대한 것이지만, 이를 설명하기 위해 인간이 이 우주 안에서 어떠한 가치를 지니고 어떻게 태어난 존재이며 어떻게 작용을 하고 있는지를 설명하고 있습니다.

천부경을 해석함에 있어서 처음 문구에서부터 '일묘연만왕만래(一妙衍萬往萬來)'의 문구까지 볼 것 같으면, '우주(一)'라는 큰 의미에서 시작하여 땅 그리고 인간 이런 식으로 점층적으로 작은 의미로 또 구체적으로 설명이 진행되는 것을 볼 수 있습니다.

즉, 인간의 가치성을 설명하기 위해 '우주(一)'라는 개념에서 출발하여 그 끝이 '생명'으로 끝나는 것을 보면 결국 이 '생명'이라는 것이 인간의 가치가 집약된 중요한 것임을 유추할 수 있습니다.

그러므로 천부경을 지으신 분이 '참으로, 묘하도다'고 한 것에 대한 이유는 '용변부동본(用變不動本)'이라는 문구에서 '本'이 변하지 않는다는 것에 대한 감탄인 것이고, 이 말은 '쓰임은 변하되 인간의 근본인 생명(영혼)은 그대로구나'는 식으로 해석이 되는 것입니다.

그러면 '용변부동본(用變不動本)'에서 '용(用)'은 도대체 무엇의 쓰임을 얘기하는 것일까요?

역시 이에 대한 해답도 본문인 '운삼사성환오칠(運三四成環五七)'에 나와 있습니다.

'사람이 살아 움직인다는 것은 생명(四)이 몸(육체: 五)과 마음(정신: 七)을 둘러(環) 이루었기(成) 때문'이므로 인간은 생명(4), 몸(5), 마음(7) 이렇게 세 가지로 나눌 수 있다는 것입니다.

그리고 다시 '용변부동본(用變不動本)'에서는 사람을 둘로 나눠서 '변화하는 것(變)'과 '영원한 것(不動)'으로 나눴는데요, 그중에 '생명(4)'을 이미 영원한 것으로 보았다면, 인간을 형성하는 나머지 '몸(5: 육체)과 마음(7: 정신)'은 그 쓰임이 변화하는 것이 됩니다.

즉, '인간은 그 쓰임은 변하여도(用變) 본(本)은 바뀌지 않는다(不動本)'는 것을 풀어서 해석하자면, '사람이 죽고 다시 태어날 경우, 생김새와 마음은 항상 같지가 않고 달라지나 영혼은 바뀌지 않고 그대로'라는 말입니다.

좀 고상하게 표현하자면, '윤회에 있어서 인간의 몸과 마음은 매번 그 용도가 변하지만 영혼은 변하지 않는다'는 말로, 그 쓰임(用)이라는 말은 인간이 다시 태어날 때마다 항상 같은 존재가 아닌 매번 다양한 직업과 신분으로 몸과 마음이 변(變)하여 태어난다는 것을 의미합니다.

여태까지의 천부경 본문해석으로 볼 때, 만약 생명마저 변(變)한다면 인간의 3요소(생명, 몸, 마음) 모두가 변하거나 영원한 것이 없는 것인데, 이는 인간도 우주 3대 요소로서 영원하다는 것으로 보아 천부경의 논리에 부합하지 않게 되는 것이므로, '생명'은 반드시 영원한 존재라는 것을 천부경은 몇 개의 문구를 활용하면서까지 여러 번 설명하고 있는 것입니다.

여기서 주지해야 할 것은요, 그렇다고 윤회가 본 천부경의 사상을 대표하는 것은 절대 아니라는 것입니다.

인간이 얼마나 장엄하고 웅대한 우주적 과정을 통해서 태어났는지, 또 인간의 태어남을 위해 하늘과 땅이 어떻게 했는지, 그렇게 태어난 인간이 어떤 구성으로 살아 움직이는지, 그리고 그토록 소중하게 태어난 인간이 어떤 식으로 이 우주에 존재하는지에 대한 내용까지 자세히 설명하는 것은 그 뒤에 나오는 핵심을 말하려는 의도입니다.

그러므로 인간의 윤회는 그 핵심인 '인간' 자체를 설명하기 위한 과정이지 천부경을 대표하는 사상이 아닙니다.

그러면 천부경에서 인간이란 어떠한 존재인가를 그토록 복잡하게 설명한 이유는 무엇일까요?

바로 다음에 오는 두 문구의 결론을 위해서입니다.

그리고 다음에 오는 문구에도 위에서 설명한 근본 본(本) 자가 또 등장합니다.

역시 이번에도 '생명'을 가리키고 있습니다.

다음 문구를 보기로 하겠습니다.

27

本心本太陽

 용변부동본(用變不動本) 바로 뒤에 나오는 본심본태양(本心本太陽). '本' 字가 앞 문구와 뒤 문구에 연달아 겹쳐서 나오는데요, 앞 문구인 용변부동본(用變不動本)의 '本' 字가 '생명'을 말하는 것처럼, 본심본태양(本心本太陽)에서 바로 나오는 '本' 字도 역시 '생명'을 말하고 있습니다.

 그러나 본심본태양(本心本太陽)에서 두 번째 나오는 '本' 字는 형용사로서 '원래' 혹은 '본래'의 뜻으로 봐야 할 것입니다.

 그리고 심(心)의 의미는 한자 사전에도 나오지만 '근본, 본성, 본원' 등으로 해석이 되어야 합니다.

 그래서 이 문구는 '생명의 근원은 원래 태양이니' 혹은 '인간 생명의 근원은 원래 태양이니'로 해석하면 됩니다.

 즉, 인간 생명의 원천이 태양이라는 말은 태양으로 인하여 모든 생명체가 발생하였다는 의미입니다. 거꾸로 태양이 없으면 모든 생명체가 죽으니 당연한 것이겠지요.

 그리고 태양은 밝음을 뜻하므로 이 '밝다'는 의미를 이용하여 그다음에 나오는 문구를 설명합니다.

물론 다음 문구인 '앙명인중천지일(昻明人中天地一)'은 뒷부분에서 잘 설명을 하겠지만, 먼저 한번 짚고 가야 할 것이 있습니다.

생명의 근원이 원래 태양이므로 생명의 본 모습은 밝은 것입니다.

그러므로 뒤에 나오는 '앙명인(昻明人)'에서 '밝음'의 의미를 두 번이나 겹쳐 쓰며 강조하면서 인간을 밝게 비추라고 하는 것은 진정으로 '인간의 생명'을 소중히 여기라는 깊은 뜻이 담겨 있는 것입니다.

또 짚고 넘어가야 할 것이 있습니다.

전반부에 인간이 어떻게 해서 탄생한다는 설명이 나옵니다.

인간은 우주의 일부분이라는 말이 먼저 나오고 뒤로 인간의 탄생 과정이 나옵니다.

우주의 기운이 충만해져, 땅으로부터 태어나고, 생명이 몸과 마음을 두르므로 살아 있는 사람이 탄생한다는 내용은 있으나 거기까지는 진작 중요한 생명이 어디서 왔는가 하는 설명이 없었습니다.

우주의 어떤 작용에 의해서 생명이 생겨나게 되었는가?

만약에 이 글이 다분히 종교적이었다면 애초부터 神이라는 단어가 등장하였을 것입니다.

더구나 감히 글 안에 '묘(妙)'하다는 말을 절대 쓸 수가 없었을 것입니다. 신(神)을 빗대어 묘(妙)하다는 말을 쓰는 것은 종교적으로 보면 그 자체로 신에 대한 불경(不敬)이기 때문입니다.

분명히 말하건대, 천부경은 샤먼적이지도 않고 토템도 아니고 그 어떤 종교적 색채가 전혀 없는 무색무취의 순수 인간에 대한 인간을 위한 글입니다.

  차라리 이 글 이후에 이 글을 보고 종교가 파생되었다면 충분히 맞는 말입니다.

  하지만, 천부경 자체는 우주의 탄생 원리를 그리고 우주의 자연현상 그 자체를 그대로 서술한 과학서인 동시에 이로써 인간 탄생의 비밀을 드러내며 인간의 존귀함을 가르치는 경전입니다.

  천부경이 만약 종교적 색채에 의해 물들여져 있었다면, 노골적으로 '신(神)께서' 이렇게 표현하거나, 혹은 성경처럼 '一' 자를 신에 빗대어 입으로 생명을 불어넣었다든지 그런 식으로 설명했을 겁니다. 하지만, 천부경에서는 인간이 만들어지는 과정을 우주적 작용의 이치로 설명하고 있을 뿐입니다.

  천부경을 지으신 분께서 공부해서 알아냈는지 아니면 누구한테 들었는지 아니면 스스로의 깨달음이었는지는 모르나, 인간의 탄생에 대한 비밀을 알아내고는 감탄사까지 유발하였습니다. '참으로 묘하다'라고.

  물론 인간을 위하든 아니면 우주를 얘기하든, 그 원리는 전적으로 '우주의 원리' 혹은 '하늘의 이치'이므로 당연히 제목이 '천부경(天符經)'이 되는 것은 전혀 어색할 것이 없습니다.

  다시 정리하자면, '一'이 하느님(혹은 하나님)이라면 작가의 '묘하다'라는 감탄사를 감히 불경스럽게도 신에게 할 수 없었을 것이고, 그리고 '본심본태양(本心本太陽)'이라는 말만 보아도, 만약 '一'이 하느님이라면 하느님이 생명을 불어넣었다든지, 아니면 하느님이 태양을 시켜 태양으로 하여금 생명을 불어넣게 하였다는 등의 설명을 하였을 것이지만, 그렇게 하지 않았다는 것은 천부경은 신의 원리가 아닌 우주의 원리로 인간을 설명하는 것이며, 그리고 또한 천부경에서는 분명하게 '태양에서부터 생명이 비롯되었다'고 가르쳐 주고 있습니다.

그리고 뒤에서 재차 설명해 드리지만, 사후의 세계를 경험했던 사람들에 의하면, 종교의 유무나 종류에 무관하게 인간이 죽으면 맨 마지막에 도착하는 곳에 마치 '아주 밝은 빛의 존재'가 있다고 합니다.

물론 불교를 믿는 사람은 부처님이라 하고, 기독교를 믿는 사람은 하나님, 이슬람은 알라신, 그리고 종교가 없는 사람은 그냥 '아주 밝은 빛'이라고만 합니다.

어쨌든 이들이 뭐라고 표현하든 죽은 후 자신들의 영혼 즉 생명이 도착한 곳은 분명히 아주 밝은 빛의 존재 앞이라고 합니다.

마치 태양에서 생명(혼)이 비롯되었듯이, 죽음 후엔 다시 그 태양으로 생명(혼)이 돌아간다는 천부경적 원리에 입각한 윤회론적 사고를 하더라도 상당히 일리가 있는 현상입니다.

그리고 이 '아주 밝은 빛의 존재'를 그냥 한자로 표현하면 바로 '**太陽**'이 되며 이것이 '**本心本太陽**'에서 '**太陽**'을 의미하는 또 다른 해석이기도 합니다.

28

昂明人中天地一

'앙(昂)'이라는 글은 기본 뜻이 '밝다, 높다, 오르다, 뜻이 높다', 심지어 '들다'라는 뜻도 있습니다.

천부경을 놓고 글자 몇 자가 다른 글자라는 설이 있습니다.

석(析) 자, 궤(櫃) 자 등이 그렇고, 또 여기 나오는 앙(昂) 자가 일부 달리 전해오는 천부경에서는 우러를 앙(仰) 자로도 쓰여 있다고 합니다.

다른 글자의 천부경을 인정하는 것은 아니지만, 단지 여기서 밝을 앙(昂) 자를 풀이함에 있어 한번 생각해 볼 일이 있습니다.

여기 나오는 '앙' 字를 '昂' 자가 아닌 우러를 '仰' 자로 해석해서 '인간을 우러르라'고 하여도 어색할 것은 없지만, 굳이 왜 천부경에 '仰' 자 대신 '昂' 자를 사용했을까요?

일단 '앙(昂)' 자를 먼저 '밝음'의 뜻으로 '昂明人'을 해석해 보겠습니다.

이렇게 '昂' 자를 '밝음'으로 해석을 해 보니까, 해석상 중복이 나타납니다. '밝다'는 의미의 단어가 바로 뒤에 오는 '明' 자와 겹치기 때문입니다.

'昻(밝음) 明(밝음) 人(사람)' 이렇게 두 번이나 반복해 써 가면서 인간을 수식한 것이 실수일까요? 고의일까요?

먼저 말씀드린다면, 이 부분 '昻明人'만큼은 가히 천부경다운 발상의 백미라고 봅니다.

여기 쓰인 이 두 글자, '앙(昻)' 자나 '명(明)' 자, 둘 다 '밝음'을 뜻하기도 하지만, 동시에 두 글자 모두 '떠받들라'는 비슷한 의미가 중의적으로 내포되어 있는 글자입니다.

'昻'   '明'   '人'
가. 밝다   가. 밝히다, 밝다   사람
나. 높이 (받)들다   나. 높이 숭상하다

위의 의미를 이용해서 '昻明人'이라는 단어의 해석을 순서쌍으로 해 보면 네 가지의 의미가 나옵니다.

① 가.→가. 의 경우: '밝게 밝혀라 사람을'
② 가.→나. 의 경우: '밝게 높이 숭상하라 사람을'
③ 나.→가. 의 경우: '높이 들어 밝혀라 사람을'
④ 나.→나. 의 경우: '높이 들어 높이 숭상하라 사람을'

글자를 두 개만 사용하면서도 '밝음'의 의미도 두 번씩이나 강조하고, 동시에 '떠받들라'는 의미도 두 번씩이나 강조하여, '昻明人'이라

는 하나의 단어에 중의적 의미를 지닌 두 개의 형용사 '昻'과 '明'을 이용하여 순서쌍으로 네 가지의 의미를 동시에 나타내고 있는 것입니다.

그러므로 이 '昻明人'이라는 단어의 의미를 받아들이기 위해서는 3차원의 공간에 함께 존재하는 네 가지의 뜻을 한꺼번에 동시에 받아들여야 하므로 4차원적인 노력이 필요한 것입니다.

이렇게 비슷한 의미의 중의적인 뜻을 가진 두 개의 글자 '昻' 자와 '明' 자를 사용하여 강조하고자 한 바로 이 한마디 '昻明人'은 천부경에 있어 진정한 핵심 단어입니다.

'本心本太陽'에서도 설명해 드렸듯이, 여기 '밝다'에서 또 하나의 숨은 뜻은 '생명'입니다.

밝은 것의 근원은 태양이고요, 태양은 인간에게 생명을 내려준 존재이자 생명 그 자체를 상징하므로 밝음은 곧 생명을 의미하기도 합니다.

다시 말해, 인간을 수식함에 있어 '밝다'는 의미가 들어 있는 단어를 두 개씩이나 반복적으로 써 가며 인간을 수식하면서 강조하고자 했던 것은 바로 '인간 생명'에 대한 존중을 역설(力說)하고자 하는 '생명 존중 사상'인 것입니다.

'인간'과 '생명'을 따로 놓고 존중할 수 있을까요?

결국 이 둘은 살아서 죽을 때까지 같이 붙어 다니는 것인데 굳이 왜 둘을 중의적인 표현을 써 가면서까지 강조하며 말하는 것일까요?

그것은 인간을 존중하라는 의미를 강조함에 있어서 인간을 존중해야 하는 근본적인 이유가 생명의 소중함에 있다는 것을 설명하기 위함일 것입니다.

결국 이 '昂明人'의 의미는 '생명을 존중하며 인간을 밝게 높이 받들라'는 '인간 존중 사상'인 것입니다.

어쨌든 앙(昂)과 명(明), 이 두 글자에 나와 있는 생명이라는 의미와 존중이라는 각각의 중의적 의미를 적절히 조화한다면 '인간의 생명을 존중하며 인간을 밝게 떠받들라' 정도라고나 할까요?

어떻게 해석을 하기에도 그렇고 해석을 하자니 좀 부자연스럽게 설명식으로 해야 하니, 중의적인 두 글자를 사용함으로 인하여, 어쩌면 이렇게 해석하기 불편하게 만들어 놓은 이 문구는 너무도 기발하고 멋진 표현인지라 보면 볼수록 매력적으로 느껴집니다.

그래서 이 '밝을 앙(昂)'이라는 글자를 '우러를 앙(仰)'으로 써야 한다는 설도 있고 또 그렇게 발견된 것도 있다는 설도 있지만, 분명히 이 '앙' 자를 '昂'으로 쓴 이유는 천부경 저자의 완벽한 의도에 의한 고도의 문학적 표현인 것입니다.

이렇듯, 천부경은 세상의 모든 인간에게 오로지 이 한마디의 가르침을 강조합니다.

'생명을 존중하며 밝게 사람을 떠받들어 달라'고.

그리고 이 한마디가 이 글을 경전으로 만들었습니다.

결국 이 '앙명인(昂明人)'의 뜻이 후대에 '홍익인간(弘益人間)'으로 구체화가 됩니다.

이 홍익인간의 사상은 '생명을 존중하며 인간을 높이 받들어 존중하라'는 말에 대한 실천방안으로, 어떻게 해야만이 인간이 진정으로 존중받을 수 있도록 하겠는가에 대한 답으로써, '모든 사람은 이익되고 이롭게 해야 한다'는 아주 현실적이면서 구체적인 실천방안을 그 옛날 이미 고조선의 초대 단군이신 단군왕검께서 우리의 건국이념으로 승화시키셨던 것입니다.

다음으로 중천지일(中天地一)의 의미를 보겠습니다.

중(中)이라는 의미를 원래의 뜻인 가운데로 해석하여, '천지 가운데 제일이다'로 해석이 됩니다.

간단히 말해서 '세상에서 제일'이라는 뜻입니다.

그런데 이렇게 해석하고 보니 어순에 약간의 문제가 있어 보인다는 느낌이 납니다.

보통 '세상에서 제일'이라고 말하려면 '天地中一' 이렇게 써야 할 것 같은데, 그 시대와 이 시대 간의 표현 차이일 수도 있고요, 아니면 좀 달리 이렇게도 해석해 볼 수 있습니다.

'사람을 밝게 떠받드는 가운데, 세상의 으뜸이다'라고요.

여기서 중(中) 자는 앞 단어의 접미사로서 '동안에'라는 진행형을 나타내는 것으로도 보는 것입니다.

즉, '사람을 밝게 떠받드는 동안에만 세상에 제일'이 되므로, 의역하면 '사람을 떠받들지 않으면 세상의 제일이 아니다'라는 의미까지도 내포하고 있다고 본다면 중(中)의 의미는 조건절의 성격도 가지고 있다고 볼 수도 있습니다.

그러므로 위 두 가지 '세상에서 제일'로 하던 '사람을 떠받들지 않으면 안 된다'로 해석하든 이런 부분에서도 역시 미세한 해석의 차이에 연연하기보다는 뭉뚱그려 개념적으로 이해함이 바람직할 것 같습니다.

전체 문장과 연결해서 자연스럽게 해석한다고 보면, '밝게 사람을 떠받듦이, 세상에 제일이다'라고 할 수 있습니다.

29

一終無終一

드디어 천부경의 끝부분까지 왔습니다.

천부경은 그 내용으로 보아 시종대구법(始終對句法)으로 만들기 딱 좋습니다.

왜냐면 무(無)에서 시작하고 다시 무(無)로 돌아간다는 내용이기 때문입니다.

이렇듯 천부경에서 무(無)의 개념은 상당히 중요합니다.

서두에 무(無)의 개념이 점(點)의 개념이라는 말씀을 드렸습니다.

즉, 실제로 있는데, 실제로는 없는 것이지요.

끈 이론으로 보아도 그 끈의 실체가 정확히 무엇인가에 대하여 현대 과학자들은 어떠한 입자라기보다는 그냥 에너지의 형태로 보고 있습니다.

양자물리학의 원리로도 우리가 알고 있는 실체라는 것은, 관찰하기 전에는 원래 그것이 무엇이었는지 절대 알 수 없으며, 심지어 원래 실체 자체가 없는 것일 수도 있다는 것에 누구도 부인할 수 없는 상황입니다.

그런데, 점(點)만 그런 것이 아니고, 실제로 존재하지만 실제로는 없는 것이 또 있습니다.

우격다짐적인 답변 같지만, 구멍이라는 것이 그러합니다.

특히 우주에 있는 큰 구멍 말입니다.

그래서 무(無)의 개념은 또 한 측면으로 볼 때 천문학적으로는 블랙홀의 개념이기도 합니다.

학자 중에는 블랙홀의 반대개념으로 화이트홀이 있다는 이론을 만들어 내지만 화이트홀은 실제 존재하지 않는다는 말도 있습니다.

스티븐 호킹 박사의 계산에 의하면 이 화이트홀은 수명이 매우 짧기 때문에 그 크기가 태양과 비슷하다면 100만 분의 1초 정도 있다가 사라진다고 합니다.

그렇다면 설령 화이트홀이 있다 하더라도 인간이 화이트홀을 발견한다는 자체가 쉽지 않을 것이라고도 합니다.

어쨌든 흔히 말하길 블랙홀로 빨려 들어간 모든 물질은 다시 화이트홀로 나온다는 것으로 마치 공상 영화에 보면 갑자기 어느 공간에서 외계인들이 나타나는 웜홀(Wormhole)과도 같은 개념이라고 합니다.

이것만 놓고 보면 천부경의 첫 문구와 마지막 문구를 연상시키기도 합니다.

첫 문구 一始無始一이 화이트홀이고 一終無終一이 블랙홀이 되는 거고요, 다시 블랙홀로 빨려 들어간 모든 것이 화이트홀로 나오면 새로운 우주가 순환적으로 탄생하는 것이 됩니다.

그래서 무(無)의 개념을 블랙홀로 하여 직역하면, '우주의 끝은 블랙홀로 끝나서 하나로 된다'이고 그냥 무(無)의 개념으로 직역하면, '우주의 끝은 무로 끝나서 하나로 다시 돌아간다'는 정도라고나 할까요?

좌우간 그 어마어마한 우주의 섭리를 지금의 과학으로 어찌 다 꿰뚫겠냐마는, 천부경대로라면 이 우주 역시도 없어짐과 탄생을 반복하면서 영원하다는 것이 됩니다.

그러므로 블랙홀로 다시 돌아가고 또 돌아 나오든 아니면 문학적으로 해석을 해서 시작도 없고 끝도 없는 것이 우주라고 하든 간에 우주와 인간은 끝이 없이 영원히 계속된다는 말로 귀결될 수 있을 것입니다.

천부경 해석을 좀 정리하겠습니다.

저는 일부러 해석할 때마다 똑같은 해석을 내놓기보다는 토씨 하나를 달리하더라도 조금씩 다른 해석을 해 보려고 본 글에서 시도했습니다.

그러므로 해석할 때마다 약간의 차이를 보이지만, 절대로 그 핵심 맥락은 변하지 않는다고 생각하고 있습니다.

아래 〈첫째〉로 해석을 한 것은 무난히 직역에 가까운 해석이고요, 〈둘째〉는 의역을 곁들여 설명식으로 해석을 해 보았습니다.

자꾸 말씀드리는 이유는 어쨌든 맥락이 변하지 않는 한, 느낌상의 변화는 해석할 때마다 달라질 수 있다는 점을 이해해 주시길 바라기 때문입니다.

그러므로 '昴明人'을 해석하여 네 가지 의미를 한꺼번에 4차원적 사고로 받아들여야 하는 것처럼, 천부경 전체의 해석 또한 그런 식으로 받아들여야 할 것입니다.

30
전체 뜻풀이와 小考

〈첫째〉

一始無始
우주는 무에서 시작한다.

一析三極無盡本
우주는 천지인으로 서로 나뉘어 각자의 모습으로 끝없이 무궁하다.

天一一地一二人一三
하늘은 우주에서 비롯되어 그 첫 번째이며,
땅도 우주에서 비롯되어 그 두 번째이며,
사람도 우주에서 비롯되어 그 세 번째가 되는 것이다.

一積十鉅無櫃化三
우주는 모든 것을 거대하게 모으나 담을 그릇이 없으므로(혹은 인간으로 되게 할 그릇이 없으므로) 인간이 되게 한다.

天二三地二三人二三

하늘은 땅을 통하여 사람을 태어나게 하고,

땅도 자신을 통하여 사람을 태어나게 하고,

(드디어) 사람은 땅을 통하여 태어났다.

大三合六生七八九

천지인이 합하여 조화로운 세상을 만들고 이로써 이 세상에 인간의 마음과 인간의 인생과 인간의 죽음이 생겨났다.

運三四成環五七

사람이 살아 움직인다는 것은 생명이 몸과 마음을 둘러 이루고 있기 때문입니다.

一妙衍萬往萬來

하늘의 섭리는 묘하게도 흐르네, 모든 만물이 가고 오는구나

(즉, 생명도 가고 다시 오는구나).

用變不動本

사람의 쓰임은 변하여도 생명의 근본은 변하지 않는다.

本心本太陽 昂明人中天地一

인간 생명의 근원은 원래 태양이니, 생명을 존중하며 밝게 사람을 떠받듦이 세상 천지간에 제일이니라.

-終無終-
우주는 끝남이 없이 끝나는 우주이다.

〈둘째〉

윗글보다 좀 더 의역하여 서술적으로 풀어서 해석하면 이렇게도 됩니다.

어떤 해석이 옳다고 말하기보다는 글의 맥락을 개념적으로 흡수하는 것이 좋다고 봅니다.

'우주의 시작은 무에서 시작하여,
하늘과 땅과 사람의 3극으로 분리되었고,
3극으로 나뉜 하늘과 땅과 사람의 고유한 모습은
각각의 고유함을 간직한 채 끝없는 우주와 더불어 영원불변 무궁하다.
하늘은 우주로부터 비롯되었으며,
땅도 우주로부터 비롯되었고,
사람도 (마찬가지로) 우주로부터 나온 것이다.
우주의 모든 것이 거대하게 모아지나
사람으로 탄생시킬 만한 그릇이 없는지라,
하늘은 땅을 도와(통하여) 사람을 태어나게 하고,
땅은 자신을 통하여 사람을 태어나게 하니,
드디어 사람은 땅으로부터 탄생하게 되는 것이다.
하늘과 땅과 사람이 합하여 조화로운 세상을 만드니,
이로 인해 세상에 있어

인간의 마음과 인간의 삶과 인간의 죽음이 생겨났다.
사람이 살아 움직인다는 것은
생명이 몸과 마음을 둘러 이루고 있기 때문이다.
하늘의 섭리는 묘하게도 흐르는구나,
모든 만물이 가고 오듯이
사람의 생명 또한 가도 또 그 생명이 다시 오는구나.
인간이 세상을 살아감에 있어 변화무쌍한 여러 형태의 윤회를 통하여,
우리 몸은 여러 삶을 반복하여도 그 생명의 본은 변하지 않는다.
사람 생명의 근원은 원래 태양이니,
생명을 존중하며 사람을 태양처럼 밝게 떠받듦이 세상에서 제일이니라.
우주는 다시 무로 끝난다.'

저는 이런 식으로 해석을 해 보았습니다.

그동안 위에 나열했던 내용을 보시고, 그 맥락만 벗어나지 않는다면 여러분들 나름대로 더 멋있게 해석해 보시면 좋겠습니다.

천부경은 '우주의 본질'과 '우주의 탄생'을 먼저 설명하지만, 그것은 인간 탄생을 설명하기 위한 부연설명에 불과함을 읽는 분들은 아셨을 것입니다.

그만큼 천부경의 초점은 인간에게 맞추어져 있습니다.

사람이란 존재는 전 우주적 합작품의 최종 결과물로서 아주 귀하게 태어난 존재입니다.

거대한 우주에 있어서 인간이라는 열매를 맺기 위하여 하늘은 태양을 쪼여 주고 비를 내리며 땅은 나무를 품고 자라게 하여 결국 소

중한 열매인 인간이 탄생하는 것입니다.

진정 천부경에서 말하고자 하는 깊은 뜻은 바로 생명을 존중하며 사람을 존중하라는 가르침입니다.

이것은 내가 그렇게 대우 받아야 할 존재이기도 하지만, 마땅히 남을 그렇게 대우해 줘야 하는 나의 의무이기도 합니다.

동서양을 막론하고 과거 역사를 통틀어 통치자의 입장에서 볼 때 일반 국민은 언제나 자신들의 소유물에 불과했습니다.

가장 위에는 神만이 존재했고 그리고 통치자로서 성직자나 왕을 포함한 통치 세력이 일반 백성들 위에 군림하였지 백성을 나라의 주체로 보진 않았습니다.

지금의 세상도 가히 국민의 지위가 가장 높은 곳에 존재한다고 보기 힘듭니다.

어떻게 보면 구조적으로 어쩔 수 없다고 생각할지 모르지만, 훨씬 진보된 먼 미래에서 거꾸로 우리 시대를 본다면, 지금의 우리를 중세시대 보듯 볼 수도 있는 것입니다.

르네상스 이전의 암흑시대로 가서 현대의 정치체계나 사회체계를 말해 준다면 그 시대 사람들은 거의 이해하기 힘들 것입니다.

마찬가지로 지금의 우리는 앞으로의 백 년 혹은 천 년 뒤의 우리 사회체계가 어떻게 바뀔지에 대해서 상상하기가 무척 힘듭니다.

그렇지만, 우리가 천부경의 근본 사상을 알고 있다면, 어느 사회체계에서나 혹은 어느 정치체계에서라도 최종, 최후로 그 사회가 지향해야 할 바를 알기 때문에 정확한 방향성을 잡고 그 방향으로 사회를 발전시켜 나아갈 수 있다는 것이 중요합니다.

그러므로 그 어느 시대를 막론하고 최종 목표는 '생명 존중'을 전제로 한 '인간 존중'에 있고 그 실천방안으로 '널리 모든 인간을 이롭게 하는 것'이 모든 사회의 통치 이념으로 중심을 이룬다면 몇천 년에 걸친 인간의 철학적 숙제가 해결될 수 있는 것입니다.

천부경은 통치자나 지배자와 같은 선상의 눈높이를 초월하여 그들이 우러러봐야 하는 대상으로서 인간을 이야기하고 있습니다.

천부경에는 성직자가 높은 지위를 갖는다는 말도 없거니와 하나님을 우러러보라는 말 역시 눈을 씻고 봐도 안 나옵니다.

이렇듯 천부경은 인류에 있어 모든 사상의 헌법과도 같은 존재입니다.

천부경은 분명히 중국 역사에 없고, 일본에도 없습니다.

아직은 유일무이하게 우리겨레에게만 전해 내려오는 글입니다.

그렇다고 이 글을 쓰신 분은 절대로 우리 민족만을 위하여 얘기하지 않으셨습니다.

오로지 인간 전체를 향해, 인류에 대해 말씀을 하였을 뿐 우리 민족만이 존귀하다는 말은 어디에도 없습니다.

이 얼마나 공평한 말씀인가요?

그러므로 천부경의 사상은 전 인류를 포용하는 사상이며, 앞으로의 인류는 천부경을 모두 공유하여 세계가 다시 하나 됨에 기둥의 역할이 되게 하여야 할 것입니다.

31

天地人 圖式化

천부경의 소재인 하늘과 땅 그리고 사람을 천부경의 원리를 가미하여 그림으로 아래와 같이 도식화해 봤습니다.

도식 1(완성형)

숫자 1에 해당하는 우주와 하늘은 동양사상에서 점이나 원으로 표시가 됩니다.

하늘은 숫자 1이기도 하지만 개수로 한 개이기도 합니다.

그리고 셋 중에서 가장 크므로 원으로 표시를 함과 동시에 그 안에 땅과 사람을 집어넣었습니다.

땅은 동양사상에서 네모로 표시가 됩니다.

그리고 땅은 숫자 2에 해당하면서 개수로도 두 개가 되므로 '도식 2'의 네모를 두 개로 쪼개어 봤더니, 아래의 '도식 3'과 같이 저절로 삼각형 두 개가 생겨났습니다. 땅(네모)을 둘로 쪼갰더니 사람(세모)의 형상이 나온 건, 땅으로부터 인간이 나왔다는 천부경의 말과 묘하게 맞아떨어지네요.

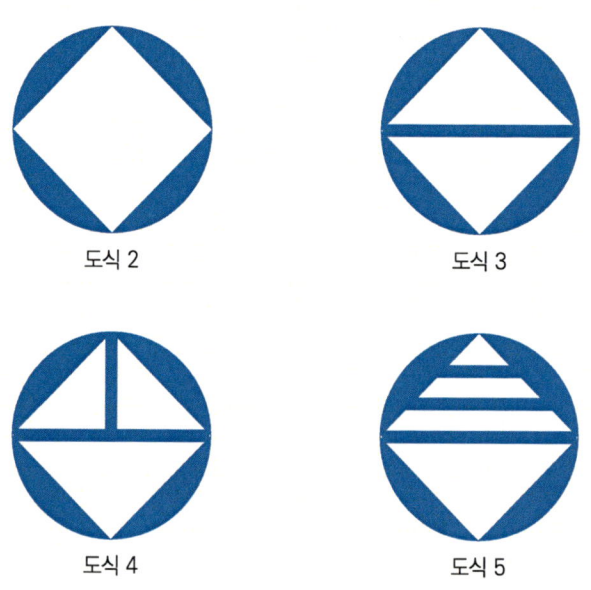

그냥 이 그림 '도식 3' 자체로도 땅에서 사람이 생겨난 결과이므로 신기하게 맞아떨어집니다.

여기에 바탕을 파란색으로 한 것은 하늘과 물을 상징하며 둘 다 파란색이므로 파란색을 상징적으로 바탕에 두었습니다.

물은 원래 하늘도 땅도 사람도 아니지만 실질적으로 하늘과 생명 형성에 없어서는 안 되는 것으로 인간 세상 어디에도 존재하는 중요한 요소이며 또한 하늘과 땅과 사람을 잇는 매개체이기도 한 점을 들어 형태로서 물을 형상화하기보다는 파란 색깔로써 바탕에 존재시킴이 맞는 것입니다.

그리고 삼각형은 사람의 상징입니다.

사람은 숫자로 3이면서 위의 '도식 4'와 같이 사람을 상징하는 삼각형의 개수 역시 세 개로 나누어 봤습니다.

'도식 4'에서 상단 삼각형은 땅 위에 존재하고 있는 사람, 즉 살아있는 사람을 나타내며 좌우 둘로 나눠진 것은 각각 남자와 여자를 상징합니다.

그리고 하단의 삼각형은 땅속에 있는 죽은 사람의 형태로서 죽은 사람의 경우 굳이 남녀구분이 필요 없으므로 하나의 삼각형으로 표시해 두었습니다.

이렇게 이 원리대로 하니까 본 '도식 4'처럼 삼각형의 형태가 원 안에서 세 개가 나타납니다. 상단에 두 개, 하단에 하나. 마치 사람을 상징하는 수가 3이듯이 사람을 상징하는 삼각형의 개수도 세 개가 등장하네요.

우주를 상징하는 원 안에 땅을 상징하는 네모가 들어 있고, 땅을 상징하는 네모 안에 사람을 상징하는 삼각형을 둠으로써, 땅을 비롯한 만물이 우주를 통해서 나왔고, 사람 혹은 모든 생명체는 땅에서 비롯되었다는 천부경의 내용을 담고 있습니다.

'도식 5'는 약간 다른 원리이긴 하지만, 인간의 숫자가 3이므로 살아 있는 사람을 상징하는 상단의 삼각형을 남녀구분 없이 하나의 인간으로 보고 그냥 삼등분해 봤습니다.

천부경에서는 '영혼이 몸과 마음을 두르고 있기 때문에 사람이 살아 움직일 수 있다(運三四成環五七)'고 하였으므로, 이 원리를 적용하여, '도식 5'는 상단 삼각형에 남녀를 구분하지 않고 '영혼과 몸과 마음'으로 삼등분을 하여 살아 있는 사람을 상징하고 있는 것입니다.

그래서 '도식 4'와 '도식 5'를 합하였습니다. 상단 두 개의 삼각형을 영혼과 몸과 마음으로 삼등분함으로써 살아 있는 인간 남녀를 동시에 상징하는 것으로 '도식 1'로 표현을 하였습니다.

이로서 천부경의 원리에 입각하여 하늘과 땅과 사람을 동시에 나타내는 표현이 바로 '도식 1'로써 완성되는 것입니다.

그리고 이 도식을 통하여 인간의 윤회를 설명하자면, 위의 삼각형에서 아래 삼각형으로, 다시 아래 삼각형에서 위의 삼각형으로 돌고 도는 형태가 됩니다.

이렇게 돌고 도는 윤회를 설명하기 가장 좋은 형상이 동그란 원의 형태인 걸 보면, 도식에서 보시듯 우주가 동그란 원의 형태로 표시되므로 인간을 의미하는 삼각형의 형태가 동그란 원의 형태 안에서 들어 있는 모습이야말로, 인간이 동그란 우주 안에서 삶과 죽음을 반복하며 돌고 돈다는 의미이기도 한 것입니다.

이처럼 위에 도식화한 '도식 1'의 그림은 우주와 땅과 인간을 표현해 주는 가장 적절한 형태로서 천부경을 대표하는 표식입니다.

32

천부경으로 본
우주의 3차원적 모델

一始無始一에서 시작하여 一終無終一로 마무리 짓는 천부경의 원리로써 우주의 생김새를 3차원적 개념으로 묘사해 본다면 나선형의 DNA 구조 같은 모양의 모델로 설명이 가능합니다.

마치 뫼비우스의 띠처럼 기다란 종이를 새끼줄처럼 비틀어 꼬아 놓은 형태로 우주의 역사가 흐르고 있음을 말씀드립니다.

이 형태는 넓이가 일정한 긴 종이를 뫼비우스의 띠처럼 나선형으로 돌려놓은 형태이므로, 그냥 눈으로 볼 때는 넓어졌다가 다시 좁아지고 또다시 커지는 형태를 반복하게 됩니다.

여기서 가장 좁아지는 부분을 2차원의 평면적 개념으로 본다면 끊어지거나 연결이 안 되는 것처럼 보입니다.

바로 이 모델이 천부경에서 보는 우주의 모양인 것입니다. 이와 같이 연결이 안 되는 것(無)처럼 보이는 부분이 一終無終一과 一始無始一이 동시에 존재하는 구간입니다.

이 현상은 3차원에서 평면을 바라보기 때문에 발생하는 2차원적

착시현상이라고 봅니다. 즉, 우리가 느끼는 우주는 2차원의 평면적 개념인 반면 실제 우주는 3차원적 모양으로 끊어짐이 없이 연속적으로 연결된 형태로, 나선형 형태에서 가장 좁아진 부분도 실제로는 일정한 넓이를 가지고 연속적으로 이어진 부분이라는 것입니다. 그러니 눈으로 좁아져 보이는 부분이 실제로는 끊어질 이유가 없는 것입니다.

그렇듯이 이 우주도 一終無終一에서 다시 一始無始一로 연결성이 없는 것처럼 보여도 실제로는 절대 끊어지질 않는 구조입니다.

이 의미는 빅뱅에 의해서 우주가 무(無)에서 유(有)가 되면서 거의 무한대로 팽창해지고, 다시 거품이 사라지면서 무(無) 혹은 '0'으로 수렴하는 것처럼 보이나, 더 높은 차원에서 우주를 본다면 '무(無)의 개념' 자체가 없을 수도 있다는 것입니다.

나선형의 긴 종이는 3차원의 공간에서 2차원적으로밖에 보일 수 없기 때문에 나선형으로 보일 뿐이나, 만약 4차원에서 3차원적으로 관찰한다면 좁아짐이 없이 정상적으로 일정한 넓이를 지닌 긴 종이가 완전히 연결된 것을 볼 수 있을 겁니다.

마찬가지로, 천부경에서 말하는 우주가 무(無)에서 시작하고 무(無)로 끝난다고까지 표현하는 그 부분 역시 빅뱅에 의하여 무(無)에서 우주가 시작하고 다시 우주가 무(無)로 가는 것 같이 보이지만, 만약 훨씬 더 높은 차원에서 이러한 우주의 현상을 본다면 이는 아마 시작 자체도 없고 끝남 자체도 없는 그저 그냥 한 통으로 구성된 우주의 형태를 볼 수 있다는 생각입니다.

이런 사고방식으로 본다면, 一始無始一을 해석할 때 '우주의 시작은 무에서 시작하는 우주다'로 해석할 것이 아니라, '우주의 시작은 없고 시작이 우주이다'로 해석을 해야 하는 것이 맞을 수도 있는 것이지요.

여기에서 한 단계 더 생각해 봅니다.

틀어진 나선형 종이를 약간씩 돌려 보겠습니다.

여러 군데의 각도에서 볼 수 있겠지요?

즉, 하나의 각도에서 보는 나선형의 형태가 하나의 우주라면, 조금 돌려서 보는 우주는 또 다른 형태의 우주일 수 있습니다.

그 각도가 무한하듯이 우주의 개수도 무한한 것입니다.

빅뱅 이론은 우주의 폭발적 팽창 이론으로 우주의 탄생에 국한된다고 봅니다.

다시 말해 천부경에서는 '우주가 한 점에서 생겨났듯이, 다시 한 점으로 돌아간다'는 개념을 지닌 것과 비교해 볼 때 빅뱅 이론보다 더 진보된 것이 바로 천부경의 무한반복적 개념의 우주인 것입니다.

천부경에서는 '모든 것이 가고 온다(萬往萬來)'라고 하여, 즉 가면 다시 온다는 것을 얘기하고 있습니다.

결국 천부경은 우주의 이러한 현상도 순환적이며 무한반복적임을 설명하고 있습니다.

여기에 우주의 개수가 무한개라는 것을 합치면, 우주는 무한히 순환을 반복하는 무한개의 집단이라고 표현하는 것이 천부경을 연구하며 얻은 또 하나의 결론입니다.

33

천부경적 우주원리는
버블(Bubble)이다

　천부경은 이 우주를 설명하는 그 어떤 사고방식과도 연결되어 있는 것 같습니다.
　그중에서도 빅뱅 이론과 잘 어울리는데요, 빅뱅 이론에 의하면 우주는 존재를 확인할 수 없을 정도로 작았던 無에 가까운 그 무엇인가로부터 어마어마한 버블을 발생시켜 지금과 같은 무한대에 가까운 크기의 우주가 되었다는 것입니다.
　그 버블 속에서 우리가 살고 있고, 우리 자신도 결국 현미경으로 들여다보면 텅 빈 버블 그 자체입니다.
　희한하게도 이 버블의 원리는 우리가 살고 있는 모든 것에도 또한 적용됩니다.
　경제만 해도 돈의 버블이 부를 창출하고 있고, 물질세계는 더더욱 그러합니다. 우리가 아는 모든 것의 실제는 온통 다 비어 있는 공간일 뿐입니다.
　즉, 이 세상 모든 게 다 버블 투성인 것입니다.

우리는 이 '버블'을 다른 식으로 '군더더기'나 '불필요한 것'이라고도 표현합니다. 그리고 사람들은 가능한 불필요한 군더더기 같은 것들을 제거하고 경제적인 이익의 극대화를 위해 늘 본능적으로 노력합니다.

어딜 가더라도 돌아가기보다는 짧은 거리로 가려고 한다든지, 혹은 가성비를 따지는 행위라든지, 속담에도 이왕이면 다홍치마라든지, 이런 식으로 인간의 속성은 가능한 버블을 없애거나 최소화하려 합니다.

그런데 또 아이러니한 것은 쓸데없다는 이 '버블' 부분이 불필요한 것만은 아니라는 것입니다.

가령, 우리가 스펀지를 써서 뭘 닦는다고 할 때, 스펀지에 닿는 면만 사용하려고 나머지 부분을 없앤다면 실제는 불편해서 사용할 수가 없는 것처럼요.

하세가와 에이스케의 《일하지 않는 개미》라는 저서를 보면, 실제 일하는 개미는 그 집단에서 20% 정도였다고 합니다. 그래서 그중에 다시 일하는 개미만을 골라놨더니, 다시 그 집단에서도 역시 20%만 일하고 나머지 80%는 또 일을 안 하더라는 것입니다. 전체의 20%가 일하는 반면 70%는 휴식을 취하며 더 중요한 일을 위해 에너지를 비축하고 나머지 10%는 아예 일을 하지 않는다고 합니다.

이렇듯 우리가 쓸데없는 버블이라고 생각하는 그러한 부분들이 자연계에서는 꼭 필요한 부분을 떠받드는 필수 요소일 수 있는 것입니다.

그러므로 자연계에서 무엇인가 성장하고 이루려면 반드시 버블이 필수일 수 있다는 것입니다.

우주의 실체가 버블이듯이 버블은 모든 우주 성장 법칙의 원리이며, 인간 사회에 있어서도 경제와 문화 등 모든 인간의 법칙에도 적용이 되고 있는 것이 바로 버블입니다.

그런데 아이러니하게도 버블의 정체는 '없음(無)'입니다.

결국 '있는 것' 사이에 '없는 것'이 클수록 '있는 것'이 더 커진다는 원리입니다. 그리고 그 버블이 언젠가 꺼지기 시작하면 '있는 것'이 그땐 다시 '없는 것'으로 되는 것입니다.

천부경에서 一始無始一, 一終無終一로의 논리가 버블의 원리를 표현한 것이라면 결국 우주나 인간이나 모두 버블에 해당하는 것입니다.

이렇듯 꼭 필요한 부분을 '실(實)'로 보고 버블에 해당하는 부분을 '허(虛)'로 봤을 때, 이 우주는 '허'와 '실'이 공존하는 공간이며 실제 우리가 실하다고 보는 것의 실체 역시 깊이 들여다보면 허로 이루어져 있다는 것을 깨달을 때 결국 실이 허이고, 허가 실이라는 결론 나옵니다.

이는 또한 有가 無이고 無가 有인 것이라는 말이고, 결국 **色卽是空**이요, **空卽是色**이 됩니다.

34

천부경과 無의 개념

　점(點)이라는 것은 위치뿐이며 개념상으로만 존재하는 것이라고 하였습니다.

　그러므로 점은 실제로는 없는 것입니다.

　아주 작은 분자 하나를 생각해 봅니다.

　분명히 분자는 그 실체가 있습니다.

　이걸 분리하기 위하여 잘라 보고 또 더 잘라 더 이상 작아지지 않을 때까지 잘랐는데, 언젠가 그것보다 더 작게 자를 수 있는 기술이 나오고, 또 그보다 더 작게 자를 수 있는 기술이 발명된다면 도대체 어디까지 더 작아질 수 있을까요?

　결국 이런 식으로 수학적으로 '0'에 수렴한다고 하면 그것은 결국 '0'으로 표현합니다.

　즉, 계속 작아진다는 것은 결국 없어진다는 것입니다.

　이렇게 되면 실체를 이루고 있는 최소 단위의 것은 '0'이 되므로 즉 없는 무(無)의 개념이 되는 것입니다.

　달리 표현해서, 이 세상에서 제일 작은 물건이 있다고 할 때, 그렇다면 그 이름은 '없다'가 될 것입니다.

그러면, 없다는 것보다 더 작은 것이 있을까요?

우주의 빅뱅으로 무(無)에서 우주가 탄생하고, 땅이 나타나고, 사람이 생겨났다면, 결국 다시 거꾸로 이 과정이 반복되어, 먼 훗날 우주가 다시 작아진다고 할 때, 작아지고 또 작아져서 얼마나 작게 작아질 수 있을까요?

결국엔 없을 때까지 작아질 것입니다.

바로, 천부경에서 말하는 일종무종일(一終無終一)이고요, 또 없는 것보다 더 작아질 수 없을 때, 다시 또 일시무시일(一始無始一)로 되는 것입니다.

35

디지털 방식으로 구성된 천부경

어떤 사물을 구분하는 데 있어서 '있다, 없다'는 식으로 확실한 구분이 가능하면 디지털이고, 연속적이어서 서로 다른 존재끼리의 구분이 힘들다면 그런 것은 아날로그로 보시면 됩니다.

가령, 색을 구분하는 데 있어 확실히 구분이 되어 '검은색'이라고 딱 부러지게 표현하면 디지털이지만, 구분이 모호하여 '거무디틱하다'고 표현하면 아날로그적 사고인 것입니다.

숫자라는 것은 구분이 확실히 되는 것이므로 대표적인 디지털의 개념입니다.

그리고 천부경은 숫자를 사용하여 우주의 원리를 대부분 표현하고 있습니다.

그러므로 천부경은 다분히 디지털적으로 세상을 설명하며 쓴 글이라고 할 수 있습니다.

그러면 이 세상도 디지털적으로 구성이 되었는가 하는 질문이 나옵니다.

이 세상의 물질을 아주 작게 쪼개고 또 쪼개다 보면 그 답을 얻을 수 있을 것입니다.

19세기까지 거시 물리학을 다루는 뉴턴의 고전물리학과 20세기 아인슈타인의 상대성이론까지의 과학은 이 세상이 디지털로 되어 있어야만 해결이 가능했습니다. 숫자가 그러하고 모든 물리학적 이해가 모두 디지털이어야만 했습니다.

하지만 초미세 세계를 연구하는 양자물리학으로 가면 꼭 그렇지만은 않은 것이, 확률로서 답을 하게 되므로 마치 아날로그를 연상하게 만듭니다. 혹은 아날로그와 디지털이 동시에 존재하는 중첩된 상태로 보이기도 합니다.

양자(量子)라는 것이 아무리 작아도 독립적인 입자의 형태로 존재하므로 구분 가능한 형태로 디지털적 개념이지만, 이 양자 혹은 입자라는 것은 아무도 관찰하지 않으면 어느 순간에 파장으로 변하는데 그때는 아날로그적 형태를 띠게 됩니다.

양자물리학을 해석하는 대표적인 학설인 코펜하겐 해석을 보면, 양자 중의 하나로서 '전자(電子)'가 있는데 이 '전자'라는 것의 상태가 어떻게 생겼는지 알기 위해서 관찰을 하는 순간 전자는 곧바로 입자의 형태를 띠게 된다고 합니다. 입자로 되는 순간 당연히 디지털적 형태가 되는 겁니다.

그렇다면 '전자'를 관찰하기 바로 직전까지 그 '전자'가 어떤 형태를 띠고 있는가를 실험해 보면, 여러 가지 형태가 중첩하여 겹쳐 있는 상태라고 합니다.

바로 양자 중첩(양자 겹침)을 말하는 것입니다.

이 말은 몇 퍼센트의 확률로는 이런 상태를 취할 수 있고, 또 몇 퍼센트의 확률로는 저런 상태를 취할 수 있다는 것으로, 관찰하기 전의 '전자'의 상태가 어떤 상태를 취하고 있는지를 정확히 아는 것은 불가능하며 다만 확률로써 관찰 전의 상태를 추측할 뿐이지요.

이렇게 정확히 구분이 안 가는 상태이므로, 양자역학에서 말하는 물질의 경우엔 측정하기 이전의 상태를 아날로그적 형태라고 볼 수 있을 것 같습니다.

그러므로 현대 과학은 이 세상을 디지털과 아날로그가 동시에 중첩되어 공존하고 있는 것으로 본다고 이해됩니다.

이에 비해 천부경이 숫자를 이용하여 이 우주를 설명한 것을 보면 디지털 방식으로 문장이 구성되어 있는 것은 맞으나, 천부경이 이 세상 우주를 디지털적 사고만으로 보고 있는 것은 아니라는 것을 염두에 두시기 바랍니다.

36

디지털과 아날로그적 사고가 공존하는 천부경

이 세상 모든 사물이 구분과 구별이 가능한 존재들이라면, 이 우주는 당연히 디지털의 형태로 구성되어 있다고 하겠습니다.

천부경 역시도 이 우주를 숫자 1, 2, 3처럼 디지털의 개념으로 이 우주를 대부분 설명하고 있습니다.

그러나 누군가는 이 우주가 디지털의 형태로 이루어졌다고 하는 것에 대하여 받아들이지 못할 수도 있습니다.

단순히 하늘의 노을을 쳐다만 봐도 빨간 하늘과 파란 하늘을 경계지어 구분하기가 불가능하므로 하늘의 노을은 아날로그적으로 전개되어 있다고 생각을 하게 됩니다.

하지만 사실은 이 노을의 형태도 알고 보면 모두 디지털적 형상입니다.

즉, 빨간 하늘은 물 분자에 의한 빛의 산란으로 인하여 빨간빛이 많이 반사되는 각도의 하늘에 각각의 개별적인 물 분자들이 위치하기 때문입니다.

빨간 하늘과 파란 하늘의 경계선을 구분 못 하는 이유는 디지털로 구성된 모든 물 분자들의 형태가 초미세해서 멀리서 눈으로 구분을 못할 뿐이지 사실은 하나하나의 물 분자들의 미세한 각도 차이에 의해 이루어지는 현상이기 때문에 실제로는 결국 디지털적 현상으로 설명이 가능한 것입니다.

이렇게 경계를 구분 짓기 힘든 이유는 그 연속선이 디지털로 이루어져 있음에도 불구하고 그 형태가 너무 작고 미세하여 우리 눈으로 볼 때는 경계를 구분하기 힘든 아날로그적 형태로 보이기 때문입니다.

이렇듯 3차원에 살고 있는 우리는 아날로그처럼 보이는 것의 실체가 거의 대부분 디지털이라는 것을 알 수 있으며, 천부경 역시도 대부분 디지털의 개념을 이용하여 우주의 탄생 원리를 설명하고 있습니다.

그런데 진정한 디지털은 초미세 세계에서 최후로 제일 작은 것이 더 이상 쪼개질 수 없는 입자여야 가능한데 과학이 발달할수록 이론상으로나마 더 작은 것이 나타나고 그것이 끈의 형태를 하고 있는 파장이라는 말이 나옵니다.

파장이나 자기장 같은 것은 전형적인 아날로그적 상태입니다.

그리고 파장이나 자기장은 정전기와 같이 우리 주변에 늘 존재합니다.

결론적으로 이 세상을 '디지털이냐, 아날로그냐'로 분리할 것이 아니라 두 가지 형태가 서로 공존하고 있는 상태의 세상이 맞아 보입니다.

　천부경은 처음부터 숫자로 시작하여 숫자로 끝나는 디지털적 문장 구성으로 이 우주와 세상을 설명하지만, 담겨진 내용은 우주와 인간을 개념적으로 설명하는 것으로 보아 다분히 아날로그적 의미도 함께 지녔다고 하겠습니다.

　즉, 1, 2, 3 이후의 등장하는 숫자들의 의미는 정확히 한 가지의 뜻이라기보다는 큰 개념을 가지고 여러 가지 의미를 담고 있기 때문입니다. 예를 들어 숫자 4는 생명이라는 큰 개념으로 혼, 에너지 등으로도 같이 표현될 수 있고, 숫자 7은 마음이라는 큰 개념으로 대표될 수 있으나 정신, 뜻, 의지, 의식의 의미를 동시에 담고 있기 때문에 다분히 아날로그적으로 보는 것입니다.

　결국 천부경도 디지털과 아날로그적 사고가 겹쳐진 문장이라고 이해해야 할 것입니다. 현대 과학이 물질의 구성을 디지털과 아날로그의 중첩된 상태로 보듯이, 그리고 천부경도 이 세상을 디지털과 아날로그 두 개념 모두로써 설명했듯이, 이 세상 우주는 디지털과 아날로그라는 서로 상반되는 개념이 공존하는 곳입니다.

37

천부경은
초고대 문명의 산물인가?

    지금 우리는 고대 12연방을 얘기하면서 오래된 고대사라고 하지만, 이보다 더 오래된 알 수 없는 고대의 유적들이 세계 곳곳에서 발견되고 있습니다.

    바다에서 발견되는 도시라든지 혹은 거인의 흔적들과 같은 미스터리한 것들이 여러 곳에서 많이 발견되고 있습니다.

    과학자들이 얘기하는 지구의 나이가 46억 년 정도 되었다고 하는데 그사이에 지구에 공룡 같은 생명체 말고는 아무것도 없었을까요?

    아프리카 가봉공화국의 오클로 지방에서 1972년에 우라늄 광산이 하나 발견이 됩니다.

    그런데 이 광산이 발견되고 놀라운 사실이 알려지는데, 이 광산을 분석해 본 프랑스의 과학자들은 광산에 노천으로 싸진 우라늄들이 자연계에서는 나올 수가 없는 것으로, 과거 누군가에 의해 한 번 사용하고 버려진 폐우라늄이라는 것을 알아내었기 때문이었습니다.

    그것도 지금으로부터 20억 년 전에, 무려 50만 년 동안이나 사용이 된 흔적이 있는 천연 원자로랍니다. 어떤 기술이 사용되었는지 폐기된 우라늄에서는 전혀 방사능이 유출되지 않고 있었다고 합니다. 물론 지금의 과학으로서는 알 길이 없고요.

믿기 힘든 사실 때문에 수차례 걸쳐서 몇 번이나 다시 조사해 보았으나 결과는 마찬가지였답니다.

결국 프랑스 정부는 물론 국제원자력기구에서도 오클로 광산의 우라늄은 20억 년 전에 만들어져 50만 년간 사용되었다는 것을 공식적으로 발표합니다.

원자력은 석탄과 비교해 3백만 배나 좋은 효율을 가지고 있음에도 다시 선진국 등에서 원자력 발전소를 폐기하는 이유는 오로지 안전에 문제가 발생할 경우 체르노빌이나 후쿠시마 원전 사고와 같이 국가적 혹은 인류의 대재앙으로 바로 연결이 되기 때문입니다.

즉, 원자력발전은 핵분열이 발생하는 만큼 워낙 위험한 것이라 현대 과학으로는 철근콘크리트로 완전히 뒤덮이고 각종 냉각장치들이 완벽하게 있는 원자로에서만이 핵분열이 가능한데, 가봉의 오클로 광산의 경우 그냥 노천에서 그것도 50만 년 동안이나 핵분열이 일어났음에도 핵폭발 내지는 방사능 유출이 전혀 일어나지 않았던 것입니다.

이것은 지금의 과학자들이 절대 풀지 못한 수수께끼입니다.

아직도 현대 과학기술로는 원전 폐기물 중 폐우라늄은커녕 사용하던 장갑 같은 그 어느 것도 오클로 광산처럼 노천에 방치시켜도 될 만한 능력이 없습니다.

이 수수께끼를 푼다면, 인류는 좀 더 안전한 원자력의 사용이 가능해지는 것은 물론이며 폐기물로 인한 방사능 오염의 환경에서도 벗어날 수 있습니다.

이 정도면 무려 20억 년 전에 이미 초거대 문명을 가진 누군가가 지구에 살았었다는 게 아닌가요?

우리가 절대 가늠할 수 없는 유구한 지구의 역사 속에서 지금 인간의 선조이건 아니건 그 누군가가 이미 이 땅에서 지금보다 더 높은 과학을 향유하며 살고 있었다는 증거가 아니면 무엇이겠습니까?

이러한 사례는 또 있습니다.

심지어 지금 이 사건도 미국 NASA에서 공식적으로 발표한 내용입니다.

구소련 시절인 1957년 세계 최초의 인공위성인 스푸트니크 1호를 쏘아 올리고 다음 해인 1958년 미국은 NASA를 창설하게 됩니다. 그런데 2년 뒤인 1960년 2월 소련의 레이더에 의하여 우주에 이상한 물체가 포착되는데, 당시 소련은 미국을 의심하였으나 미국은 자신들이 아님을 밝혔고, 미국 또한 이 물체의 실체를 확인하게 됩니다.

이 물체는 두 번째 쏘아 올린 스푸트니크 2호보다도 2배 빠른 속력이었으며 무게는 무려 15톤으로 예상되었고, 또한 지구에서 발사한 인공위성과는 반대 방향으로 운행을 하고 있었다는 것입니다.

그리고 갑자기 사라지기를 반복하여 이를 두고 미국에서 정체불명의 물체가 위성과 닮았다고 하여 '흑기사 위성'이라고 명명하였습니다.

일부 과학자들에 의하면 흑기사 위성에서 보내온 신호를 해석한 결과 3천 년 전의 별자리가 나왔다는 연구도 있으며, 최소 5만 년 전에 만들어진 것으로 보인다는 연구도 있습니다.

그런데 1998년 나사는 흑기사 위성이 우주정거장 개발에 참여한 인데버(Endeavour) 우주왕복선의 승무원이 잃어버린 위성 단열막에 불과하다는 결론을 내립니다.

그러나 흑기사 위성의 발견은 1960년이며 인데버 우주왕복선은 1992년 최초 비행으로부터 2011년까지 25회 운행한 것이므로 인데버호에서 잃어버린 단열막이라는 것이 말이 안 되며, 특히 미국 정부가 흑기사 위성에 대한 정보를 돌연 군사기밀로 지정한 것도 그렇고, 또한 일반 위성 속도의 두 배라는 것, 그리고 지구에서 올린 일반 위성과는 반대 방향으로 움직인다는 것, 또 돌연 사라졌다가 다시 나타난다는 것 등의 정황 등으로 말미암아 이 흑기사 위성에 대한 미국의 발표는 믿기가 쉽지 않아 보입니다.

이것이 외계인의 것이든 아니면 오클로 광산과 같이 과거 인간 이전의 지구 초고대 문명의 산물이든 인간 이전의 누군가가 있었다는 것입니다.

혹은 우리 인간이 그 시대부터 있었는데 어떤 사건들을 계기로 망했다가 흥하는 것을 반복하면서 과거의 과학기술과 문명을 잃어버리고 다시 세우는 반복의 역사에 인간이 있을 수도 있다는 생각도 해 봅니다.

마치 一始無始一, 一終無終一처럼요.

중요한 건, 인류가 겨우 2만 년밖에 안 되었다는 것을 인정할 수 있겠느냐는 것입니다.

과연 호모사피엔스가 진정 인류의 진화 조상일까요?

그렇다면 도처에서 발견되는 그 이전의 지구 문명은 무엇인가요?

아니라고 발뺌만 할 일만이 아니라고 생각됩니다.

뭔가 있을 거라는 생각에서입니다.

그리고 또 어쩌면 천부경 또한 오클로 광산이나 흑기사 위성과 같은 무형의 초고대 문명의 산물은 아닐까요?

38

사후 세계와 천부경

'사람은 죽으면 어떻게 될까요?'
과연 천부경의 해석처럼 다시 인간으로 태어나고 또 태어날까요?

우주의 원리가 '팽창과 수축'이라면, 과학자들의 말을 빌리면 아직까진 팽창 중입니다.

팽창은 커지는 과정이고, 아이가 어른이 되는 것처럼 자라는 성장과도 같습니다.

이것은 인간이 성숙해지는 과정과도 같고, 경제가 성장 발전하고 인류가 진화하는 원리와도 같습니다.

그러면, 사람은 왜 죽고 다시 태어나기를 반복할까요?

이에 대한 답은 위와 같은 맥락에서 쉽게 생각할 수 있습니다.

인간의 진화에는 육체적 진화와 더불어 정신적 영혼의 진화가 포함되는 것입니다.

생의 반복을 통하여 분명히 인간은 영적으로 성장을 하고 있는 것입니다.

증거를 대기는 쉽지 않지만, 사람이 죽었을 때 그 순간 이후의 내용을 담은 글들이 세상에 많이 나와 있으며 종교적 편견을 갖지 않고 본다면, 대부분 공통적인 현상을 발견할 수 있습니다.

그중에서 가장 많은 사례를 가지고 연구했던 어떤 사람의 글을 읽은 기억이 있습니다.

아주 오래전이었는데요, 《리더스 다이제스트》에서 본 것으로 기억이 나고요, 인터넷으로 찾아보니 1980년 12월 판의 149쪽에 〈사후의 영적 세계(죽었다 깨어난 사람들의 이야기)〉라는 제목으로 글이 실려 있었던 것 같습니다.

당시 고등학교 입학을 앞둔 때였는데, 우연히 본 이 글을 너무 몰두해 읽다가 심한 충격을 받아서 그런지 그 내용이 아직까지도 기억이 납니다.

이 내용은 오직 저의 기억에만 의존한 것입니다. 원본의 글을 다시 한번 찾아보고 저의 기억이 맞는지 알아보고 싶었지만 도저히 그 책을 구할 길이 없어 40년 전의 기억에만 의존한 것임을 먼저 말씀드립니다.

내용인즉슨, 어떤 사람이 우연히 죽었다가 깨어난 사람들을 만나게 되었고 그들의 이야기를 들으면서 큰 관심을 갖게 됩니다.

사후의 세계가 너무 궁금했던 그 사람은 그러한 사례를 찾아다니다가 나중엔 아예 본인이 직접 의사가 되어 그렇게 죽음을 경험한 사람들을 적극적으로 찾아 나섰으며 결국 500명의 죽었다가 깨어난 사람들의 사례를 모아 연구한 내용을 올린 글이었습니다.

그에 의하면, 모든 사람은 종교와 인종, 나이와 관계없이 죽는 그 순간 자신의 시신과 조금 떨어진 상공에서 일정 시간 머물면서 자신이 죽은 상황을 보게 된다고 합니다.

그리고 주변에서 하는 얘기들을 언어에 상관없이 들을 수가 있다고 합니다.

주변 어디선가 빛이 보이고 그 빛을 따라가게 되는데 동굴과도 같은 곳을 지나게 되면 자신을 마중 나온 사람을 만난다고 합니다.

마중 나오는 사람의 대부분이 먼저 돌아가신 자신의 부모·형제이거나 조상 중의 한 명이라고 합니다.

어떤 사람은 살아생전 돌아가신 자기 아버지의 얼굴을 알지도 못하고 살아왔지만, 죽음 이후에 만난 그분이 자신의 돌아가신 아버지라는 것을 거기서 만나는 순간 그냥 한번에 알 수 있었다고 합니다.

그리고 어딘가로 인도되는데, 결국 어느 신적인 존재 앞에까지 간다는 것입니다.

그런데, 죽음을 경험한 많은 사람들 중에서도 여기까지 도달했던 사람들은 상당히 드물었다고 하였습니다.

여기서부터 종교적으로 내용이 조금씩 갈린다고 하네요.

그 신적인 존재는 아주 거룩하고 환한 빛으로 보이며 그 존재가 어떻게 생겼는지에 대하여는 누구도 말로 표현할 수가 없었다고 합니다.

분명히 빛에 둘러싸인 존재 자체를 느낄 수는 있으나 생김새를 알 수가 없다는 것입니다.

바로 이 부분에서 천부경의 '本心本太陽'이 연상됩니다.

하여간 그 신적 존재에 대하여 기독교를 믿던 사람들은 하나님이라고 하고, 토속무속신앙을 믿는 사람은 옥황상제님이라고 하고, 불교 신자는 부처님, 이슬람에서는 알라신이라고 하고 이런 식으로 자신이 믿고 있던 종교의 신이었다고 얘기한다고 합니다.

어쨌든 이다음이 아주 중요한데, 그 빛의 존재가 죽어서 온 영혼에게 두 가지 질문을 한다고 합니다.

이 부분이 클라이맥스입니다.

과연, 어떤 질문이었을까요?

저는 이따금 지인들에게 이 질문을 맞춰 보라고 해 봤습니다.

하나는 워낙 여러 종교에서 많이 회자되는 내용이라 가끔 맞추시는 분들도 있었으나, 두 번째 질문은 아직 단 한 명도 맞힌 사람이 없었습니다.

그 첫 번째 질문은 '살아생전 남을 사랑하였는가?' 혹은 '자비를 베풀었는가?'입니다.

그럴 만하다고 생각하시는 분들이 많을 수 있으나, 막상 알려 드리니까 의외로 맞힌 사람은 많지 않았습니다.

그 두 번째로 그 '신적 존재'가 죽어서 온 사람들에게 하는 질문은 '살아생전 공부를 하였는가?'라는 질문으로 기억합니다.

저는 이 질문에 대하여 막연한 의문을 간직한 채 한동안 그냥 개의치 않고 지내왔었으나 어느 순간부터인가 그 의구심이 날이 갈수록 조금씩 커지기 시작했습니다.

사후 세계와 천부경 **169**

그리고 죽었다가 다시 살아나는 과정은 이 과정을 거꾸로 하게 되는데 다시 동굴 같은 것을 통과해서 자신의 몸으로 들어오고 깨어난다는 것이었습니다.

저는 이 글을 쓴 사람이 미국 사람이었던 걸로 기억하고, 또 종교가 없었던 것으로 알고 있으며, 그렇기 때문에 확실히 객관적인 견지에서 사후의 현상을 묘사했다고 믿고 있습니다.

그러면 최후의 신적 존재가 그런 질문들을 왜 하였을까 하는 의문이 듭니다.

인간은 사회를 이루고 사는 존재인 만큼 '남을 사랑하라'는 것은 인간 사회를 구성하면서 대단히 중요한 요소이므로 이 질문은 어느 정도 이해가 갑니다.

하지만 공부하는 것을 유난히 싫어했던 저로서는 두 번째 질문을 금세 이해하기란 쉽지 않았습니다.

솔직히 저는 한동안 이 내용 자체에 대해 아예 관심도 없이 살아왔는데, 언제부터인가 조금씩 이 두 번째 질문이 떠오르기 시작하면서, 도대체 왜 신적 존재는 그런 질문을 하는 것일까에 대한 의문이 일어나기 시작하였습니다.

그리고 시간을 두고 차근차근 생각해 보니 왜 그런 질문을 하였는가에 대한 이유를 알 것 같았습니다.

공부라는 것은 당연히 자기 자신을 성숙시키기 위한 중요한 수단입니다.

보통 흔히 말하는 사랑이라는 것이 남을 위한 사랑이라면, 공부는 자신을 사랑하는 행위입니다.

인간의 호기심 역시도 결국 자기 자신을 공부시키기 위한 본능입니다. 비슷하게도 흥미와 재미, 그리고 경험을 통한 성장 등 모두 인간의 성장에 필요한 공부를 하게 하기 위한 요소로서의 '본능'이었던 것입니다.

그만큼 인간 성장에 있어 공부는 아주 중요한 요소입니다.

자연에 의해 탄생한 인간이 음식을 먹고 자라면서 육체적으로 성장하는 것처럼, 정신적으로도 성장하여야 하는 것은 당연한 것이며 그 정신의 음식이 바로 공부인 것입니다.

그러므로 인간의 반복적인 삶을 통하여 계속될 정신과 영혼의 성숙을 위해서라면 살아 있을 때 꾸준히 공부를 계속해야 하는 것이 옳은 것입니다.

저는 이것을 물어본 신적인 존재가 누구였는지 여기서 정의할 필요성도 느끼지 못하지만, 현대 과학으로 풀지 못하는 초자연적 우주 현상 중 하나의 메커니즘일 수도 있다는 것을 굳이 부인하고 싶지도 않습니다.

어쨌든 이것이 진짜라면, 공부라는 것은 인간의 윤회에 있어서도 중요한 수단으로 작용하고 있는 것이 분명합니다.

39

윤회와 진화

인간이 진화한다는 사실에 대해서 과거 교황 요한 바오로 2세도 진화론을 '가설 이상의 것'으로 평가했고, 이미 라바시 대주교는 1950년 교황 비오 12세가 "진화론은 인간의 발전에 유용한 과학적 접근"이라고 말했다고 합니다.

게다가 2009년 2월 12일 탄생 200주년을 맞는 찰스 다윈(1809~1882)의 진화론을 교황청이 수용하는 입장을 표명했다고 영국 타임스가 2009년 2월 11일 보도했었습니다.

또한 여기서, 교황청 문화평의회 의장 지안프랑코 라바시 대주교는 2009년 2월 10일 "진화론이 말하려는 것도 신이 인간을 창조했다는 것"이라며 "생물학적 진화와 기독교의 창조론은 양립 가능하다"고 말했다는데요, 천주교가 유난히 진화론에 유화적인 이유를 모르겠습니다만, 어쨌든 천주교는 성경을 넘어서 진화론적 입장을 받아들이는 것은 분명한 것 같습니다.

무에서 세상이 나왔다고 하는 것을 보면 천부경도 창조론에 가깝다고 볼 수 있을지 모릅니다.

하지만, 만물이 가고 오는 것에서 또한 쓰임이 변한다는 말이 영적인 성숙과 육체적인 진화를 암시하고 있음이라고 볼 때 이러한 두 가지 사상이 양립하고 있다고 하겠습니다.

또한 '一積十鉅'라 하여 우주의 모든 것이 쌓여 하늘이 땅으로부터 인간을 만들어 냈다는 것도 창조로 보이나 잘 보면 우주의 창조 과정에서 '쌓여서'라는 표현만 보더라도 이것은 창조 이후에 진화의 과정을 겪어 완성된 것으로 해석해도 틀리지 않는 것입니다.

마찬가지로 우주 자체가 하나의 물질에서 수없이 많은 물질로 갈라지고 만들어진 것은 그 자체로 우주의 진화 과정이 아니고 무엇이겠습니까?

결국 천부경도 창조와 진화가 공존하고 있는 것이라고 볼 수 있습니다.

그러면 인간의 윤회는 진화와 무슨 연관이 있을까요?

과연 진화란 인간의 겉모습에만 존재하는 것일까요?

원시인류보다 현대 인간들의 IQ가 좋아지는 것도 인간의 뇌가 진화하기 때문이 아닐까요?

여기에는 분명히 또 다른 비밀이 숨겨져 있습니다.

천부경의 영향을 가장 많이 받은 종교는 힌두교와 불교입니다. 그것은 윤회 사상 때문입니다.

불교에서 부처는 원래 보통의 인간에서부터 시작하여 수많은 윤회의 반복을 통해 결국 깨달음을 얻는 부처가 된다고 하였던가요?

좌우간 영혼이나 생명이 윤회를 한다면 그 이유는 여기에 답이 있습니다.

　육체는 진화의 과정을 통하여 자꾸 변하고 그 쓰임을 항상 달리하며 진화한다 할지라도 우리의 근본적인 생명은 영원한 것이고 그 영원함의 반복 속에서 우리의 생명과 본능이 성숙해지는 것입니다.

　다시 말하면, 윤회를 통하여 생명 내지는 영혼도 진화 과정을 밟는다는 겁니다.

　그렇다면, 윤회라는 것이 정말 있기는 있는 것일까요?

　'잠자는 예언가'로 그리고 '미국에서 가장 불가사의한 사람'으로, '20세기 최고의 예언자'로 불리며 잠재의식 상태에서 아카식 레코드(Akashic Records, 우주의 모든 지식과 살아 있는 것들의 기억이 흐르다가 어느 한 곳에 총 집약된다는 영역)를 읽어 내어 인류의 운명에 대해 예언을 하였던 에드거 케이시도 불교에서 말하는 전생과 환생이 있다고 말했습니다.

　그는 평생을 기독교인으로 또한 기독교 사상으로 무장하여 살았음에도 불구하고, 그는 자신의 자서전[8]을 통하여 심지어 성경 문구를 인용하면서까지 전생에 대하여 이야기합니다. 예수의 제자가 이 사람이 맹인으로 태어난 것이 누구의 죄 때문인지를 물어봤다고 합니다. 그 자신의 업보인지 아니면 부모의 죄로 인하여 맹인으로 태어난 것인지를 물으니 예수님은 이 사람 본인이나 그 부모의 죄로 인한 것이 아니라, 그에게서 하나님이 하시는 일을 나타내고자 하는

8　에드거 케이시, 《나는 잠자는 예언자》, 신선해 역, 도서출판사과나무, 2007. 249쪽.

것이라고 답하셨다고 애드거 케이시는 설명하면서, 인간이 현생에서 죄를 지었다고 해서 장님으로 태어난다는 건 불가능하고, 또 그 제자들은 그 남자에게 전생이 있다고 믿은 게 분명하므로 그런 질문을 했다고 그는 설명합니다.

그는 또 데자뷰 현상(처음 경험해 보는 것임에도, 마치 언젠가 본 적이 있거나 경험한 것같이 느끼는 현상)에 대해서도, 윤회가 데자뷰 현상에 대한 답이 될 수 있다고 합니다. 현재의 삶 이상의 무엇이 존재하지 않는다면 데자뷰에 대한 답은 영원히 구할 수 없으며, 그 누구도 현재의 자기 삶이 생의 전부라고 여기지 않을 것이라고 확신한다며, 죽지 않으면 다시 살 수도 없다는 성경 문구를 또 인용하면서 밀알 한 낱조차 죽은 후에야 다시 살아날 수 있다고 애드거 케이시는 강조하는데 이 부분은 천부경에 나오는 일묘연만왕만래(一妙衍萬往萬來)의 전형적인 해설판인 것 같은 느낌마저 듭니다.

이렇듯 에드거 케이시는 기독교와는 이질적인 내용을 성경 문구를 인용하면서까지 윤회론에 입각한 전생과 환생이 있음을 설명하고 있습니다.

또한 진화라는 것은 인류에게 있어서 인간이 서서히 내부로부터 자아의 법칙을 발견하고 이해토록 하는 에너지의 부활입이라고 그는 말을 합니다.

이 역시 천부경의 일묘연만왕만래(一妙衍萬往萬來)에 해당하는 것으로, 이러한 윤회의 법칙을 인간들이 이해함으로써 더 좋은 에너지를 갖게 되고, 점진적인 변화를 받아들이게 되면, 세대를 초월하여 모든 걸 알게 된다고 설명합니다.

마치 결국엔 부처가 된다는 것 같지요.

에드거 케이시의 이러한 설명들이 또한 천부경과도 많이 일치하는 부분이고요, 혹시라도 그가 영적 능력을 발휘해서 미리 천부경의 사상을 흡수한 것은 아닐까 하는 착각이 들 정도입니다.

좌우간, 에드거 케이시는 바로 다음 줄에 마치 천부경에서 운삼사성환오칠(運三四成環五七)의 내용과 너무 흡사하게 말하는 부분이 또 나오는데요, 창조물은 오로지 에너지와 물질과 마음, 이렇게 세 가지뿐이라고 얘기합니다.

즉, 여기서 창조물이라 함은 우리 인간을 지칭하는 것으로 천부경에서는 '삼(三)'이며, 케이시가 말하는 '물질'은 우리의 '몸뚱아리'로 '오(五)'에 해당하고, 에너지는 '사(四)' 즉 '생명, 기(氣)'라고 볼 수 있으며, 그리고 마음을 그대로 '칠(七)'로 볼 수 있습니다.

그러므로 에드거 케이시가 '창조물은 오직 물질, 에너지, 마음의 세 가지뿐'이라는 말은, 이미 천부경에서 설명하고 있는 '運三四成環五七'로써 '사람이 살아 움직인다는 것은 생명(에너지)이 몸(물질)과 마음(마음)을 둘러 이루고 있기 때문이다'라는 해석과 완전히 일치하는 대목입니다.

다만 천부경에서는 한 단계 더 나아가 생명이 몸과 마음을 둘러 이룸으로써 사람이 살아 움직일 수 있다고 하여 케이시보다도 훨씬 더 구체적이고 분명하게 기술을 하고 있다는 것입니다.

물론 에드거 케이시의 말이 다 맞는다는 전제하에 이런 비교를 하는 것은 아닙니다. 그의 말이 다 맞다는 증거도 없고 또 그의 예언이 다 맞았다고 볼 수도 없는 이유이기도 합니다.

하지만, 천부경이든 아니면 에드거 케이시의 말이든 그런 생각 없이, 그저 자연스럽게 지금 내가 살아 있고 죽으면 어떻게 될 것인가를 가만히 두고 생각만 해 봐도 윤회론적 사고는 일리가 있어 보입니다.

예전에 죽은 사람들의 영혼은 그냥 사라져 버린 것일까요?

다시 태어나는 사람들의 생명은 어디에서 오는 것일까요?

다시 한번 독실한 기독교 신자였던 에드거 케이시의 말을 되새겨 보아, 누구라도 현재의 삶이 생의 전부라고 느끼진 않을 것이라는 것을 확신한다며, 영혼의 윤회론적 생각을 에드거 케이시 자신뿐만 아니라 남들도 그렇게 생각하고 있다고 확신에 찬 믿음으로 본인의 생각을 말합니다.

에드거 케이시라는 사람이 유명하거나 위대하므로 그 사람의 생각이 맞는다는 것도 결코 아닙니다.

다만 독실한 기독교 신자였음에도 불구하고 에드거 케이시가 이렇게 얘기할 수 있는 것은, 이 사람도 한 명의 인간으로서 자신의 내면에 있는 말, 즉, 인간이 본능적으로 느낄 수 있는 상식을 있는 그대로 표현했다는 것을 말씀드리고자 하는 것입니다.

인간의 본능적인 상식은 바로 인간의 본능에서 나오는 것이고, 인간의 본능은 태어나기 전부터 가지고 있었던 것이기 때문에, 우리는 지금 이 전의 삶이 분명히 존재함을 느낄 수 있는 동시에 이다음의 생애가 있음을 본능적으로 저절로 느낄 수밖에 없는 것입니다.

솔직히 저 자신도 천부경을 알기 이전에도, 인간이 죽으면 끝이라는 생각을 가져 본 적이 없습니다.

괴테가 한 말을 잠시 소개할까 합니다.

'죽음과 환생이라는 영원한 법칙을 깨닫지 못하는 한, 그대는 어두운 지구 위를 헛되이 스쳐 가는 나그네에 불과하리라'라고.

먼 훗날의 얘기일 것이지만, 인간의 생명 윤회 과정 역시 양자론보다 더 발달한 과학으로 증명이 되는 날이 올 것입니다.

40

천부경과 無神사상

포히에르바하는 인간이 신(神)을 만들었다고 하였습니다.

그런데 성경에는 신(神)이 인간을 만들었다고 나옵니다.

성경전서 개역한글판의 창세기 3장 22절에 '여호와 하나님이 가라사대 보라 이 사람이 선악을 아는 일에 우리 중 하나같이 되었으니…'라 하여 신들이 인간을 자신들의 모습으로 만들었다고 쓰여 있습니다.

그런데 이 성경 문구가 좀 이채롭습니다.

그렇다면 하나님은 한 분이 아니라는 것인가요?

이 성경 구절이 맞는지는 모르지만, 좌우간, 성경에는 신들이 인간을 만들었다고 되어 있습니다.

그리고 이 구절에 의하면 분명히 인간도 신들 중의 하나가 되었다고 했고, 그러면 우리 인간은 신들과 동일한 레벨의 등급이라는 말인데, 그런데 어째서 지금 종교를 가진 사람들은 스스로의 격을 신보다 하락시켜 존재하려는지 의문입니다.

아무리 신 앞이라 하더라도, 최소한 인간의 모습이라 하면 우리네 고불 단군처럼 '하늘과 사람은 일체일진대…'라고 하면서 하늘에 당당하게 대하는 모습 정도는 되어야 하는 게 맞지 않을까요?

저는 종교가 발달했다고 생각하지 않습니다.

반대로 종교가 타락해서 인간성을 묶어 버리고 있으므로 이에 대한 반발로 지금은 인간이 종교로부터 탈출하고 있는 상황으로 보입니다.

지금의 사람들은 과학의 발달과 사상의 발달로 인하여 의식이 많이 깨어나고 있고 생각이 많이 자유로워지므로 당연히 종교의 굴레에서도 많이 벗어나 저절로 무신론적 입장을 취하는 사람들이 많아지고 있는 것이 현실입니다.

과연 신이 존재하기나 하는 것일까요?

원래 종교라는 것은 샤머니즘에서부터 시작했지요.

다신론적인 토템이나 애니미즘 모두 결국 샤머니즘에서 종교화가 되고 조금 더 발전하여 조상숭배 사상으로 이어지는 것입니다. 이런 식으로 신도 발전하였던 것 같습니다. 즉, 인간이 신을 발전시킨 것이지요.

자기의 조상의 조상이 결국 하나님이라는 생각으로 선민사상과 유일신이 탄생하고 그 이외의 종족들은 그냥 그걸 인정하기도 하고 혹은 자기들 고유의 신앙을 따로 만들어 내기도 했지요.

신(神)의 변천사를 보면, 옛날에는 모든 것이 신이었습니다.

당시의 종교는 극단적인 다신론이었고 물론 지금도 각 나라에 많이 존재하고 있습니다.

이것이 고등종교화되면서 유일신으로 바뀝니다.

물론 복잡하고 난해한 경전의 동반은 당연하고요.

그리고 지금의 세상은 바로 유일신의 종교가 지배하고 있는 것이지요.

그런데, 불교는 사실상 무신론입니다.

정리하자면, 이렇습니다.

다신 → 유일신 → 무신
샤먼 → 기독교 → 불교

물론 탄생 시기도 기독교가 불교보다 더 늦습니다.

여기서 잠깐, 숫자 '0'에 대한 말씀 좀 드리겠습니다.

인류 역사에서 숫자 '0'은 가장 나중에 등장한 개념입니다.

고대 그리스 수학자들도 없다는 것이 무엇이 될 수 있는가의 의문으로 '0'이라는 것에 대한 존재 자체를 부인했었습니다. 즉, 로마자에도 숫자 '0'을 표기하는 방법이 없었던 것이지요.

'0'의 개념은 대략 인도에서 9세기경 발견이 된 것으로 추정을 하고 있습니다.

'0'의 개념 발견은 자릿수가 높은 큰 숫자를 나타내기 편리해졌고 더욱 중요한 것은 음수의 개념까지 정립할 수 있게 되었다는 것입니다.

다시 여기에 신의 개념을 숫자의 개념에 중첩시켜 봅니다.

처음에는 다신론, 그리고 유일신, 그리고 무신론.

즉, 무신론의 개념은 마치 늦게 발견한 0의 개념과도 같이, 엄청난 고도의 사고를 지녀야 하며 기존에 가졌던 사고방식에서 탈퇴하여야 보이는 개념입니다.

무신론의 등장은 0의 개념을 넘어 음수의 개념을 터득하는 경지로써 기존의 종교를 초월하여 '신은 없다' 혹은 '내가 신이다'라는 개념과 같습니다.

좀 더 여러 가지 표현으로 '나도 신이다', '내가 소우주다', '인내천', '신은 죽었다'와 같이 아래의 형태로 나타낼 수 있습니다.

다신(샤먼) → 유일신(기독교) → 무신(불교) → 내가 신이다.
2 이상의 양수 → 양수 1 → 0 → 음수(-)

니체 외에도 1957년 미국 신학자인 가브리엘 바하니안도 《신은 죽었다》라는 제목의 저서에서 무신론을 두고 미국 대중들의 삶의 방법이라고 말하고 있습니다.

저는 불교를 첨단의 앞선 종교로 표현하고자 이걸 얘기하는 것이 아닙니다.

제가 전편에서도 강조했듯이 천부경에는 '1'의 개념으로 하늘이 나오고 우주가 나오지만 그 어디에도 신(神)의 개념을 찾아볼 수 없었다는 것입니다.

천부경에는 신(神)이 없습니다.

초고대에 있던 경전에서 신이 없음은 최근의 인류가 '0'의 개념 혹은 음수의 개념을 찾아내기보다도 더 어려웠을 것으로 생각이 됩니다.

그 옛날 그 흔한 신(神) 하나 없이 어떻게 천부경과 같은 사상이 존재할 수 있을까를 생각하면 놀라지 않을 수 없습니다.

천부경의 내용 중 지금 이 시대에서나 해석이 가능할 만한 빅뱅 이론과 양자물리학의 개념이 들어 있었다는 것만 봐도, 천부경은 웬만한 사상이나 과학으로는 접근도 할 수 없는 초고도의 과학 사상인 것입니다. 물론 천부경에 나오는 윤회에 관한 부분은 아직까지도 현대 과학으론 접근조차 할 수 없는 분야입니다.

41

하얀 옷의 DNA

그러면 과연 그 옛날에 천부경은 어떻게 만들어졌을까요?

혹시 우리 선조들이 영지(靈智)적 능력을 지녔다는 하얀 옷을 입던 샤먼의 계급이었기 때문일까요?

천부경의 내용 중에 '세상(우주)의 원리는 묘하게도 흐르는구나'라는 내용이 나옵니다.

'묘하다'라는 의미가 이 글을 쓴 본인도 미처 몰랐다는 표현이라면, 혹시 영지적 능력에 의해 어느 순간 깨닫고 쓴 글은 아닐까요? 마치 초자연의 계시라도 받은 것처럼 말입니다.

목사나 중 혹은 신부와 같은 종교 지도자들과 샤먼에서 말하는 무당은 어떤 차이가 있을까요?

현대 고등종교인 기독교, 천주교, 불교 등에서는 목사나 신부나 중이 되기 위해 이 시대엔 누구라도 공부를 많이 하고 시험에 통과하면 이들의 지위를 얻을 수 있습니다.

하지만 무당은 다릅니다.

아무리 공부를 많이 하고 풍부한 지식이 있어도 천부적인 선택이 없는 한 불가능한 것이 무당입니다.

소위 신이 내리지 않는 한 하고 싶어도 못하지만, 일단 신이 내리면 하기 싫어도 해야 하는 것이 무당이지요.

이것은 엄청난 차이라고 생각이 됩니다.

거꾸로 목사나 신부 혹은 중이라도 자기가 하기 싫으면 언제나 그만둘 수 있지만, 무당은 그만두려고 하면 몸이 아파서 그만둘 수도 없다는 겁니다. 그냥 죽을 때까지 억지로라도 해야 하는 직업이 무당인 것입니다.

또한 무당은 영매입니다.

즉, 신 혹은 귀신을 살아 있는 사람과 소통시켜 주는 존재이기도 합니다.

목사나 신부도 사실상 따지고 보면 그 지위가 영매에 해당한다고 볼 수 있지 않을까요?

만약 그렇게 본다면, 중이나 목사, 신부 중에서 진짜로 신의 목소리를 듣고 전달하는 사람이 몇이나 될까요?

하지만 이들은 고등종교이므로 기존에 신의 전달사항을 이미 글로 적어 놓고 이것을 신도들에게 해석해 주는 일방적 소통을 담당하는 영매의 지위를 대신할 뿐이나, 무당의 경우는 쌍방 소통이 가능하다는 겁니다.

무당은 신들린 상태에서 돌아가신 분의 얘기도 들려주지만 반대로 살아 있는 사람의 뜻을 돌아가신 분에게 전달하는 기능도 한다는 겁니다.

사실 무당이 굿하는 것을 보신 분은 아시겠지만 일반 종교보다도 훨씬 더 리얼리티(Reality)한 현장감을 느낄 수 있기 때문에 목사나 신부 혹은 중들보다도 무당이 신과의 친밀도가 더 높다고 봐야 할 것입니다. 신이 있다면요.

우리나라에 보면, 특히 지금의 나이 많은 분들은 어릴 때 무당이 굿하는 것을 보고 신비감을 느끼신 분들이 많았을 것입니다.

굿을 하는 이유 중의 하나로, 누군가 아파서 그걸 해결하기 위한 수단인 경우가 많습니다.

어릴 때 제가 직접 경험한 것인데요, 외삼촌이 허리가 아파 이 병원 저 병원 다 다녀도 원인을 모르다가 끝내 용하다는 무당을 찾아갔습니다. 외할아버지 무덤에 물이 차고 칡넝쿨이 허리를 감고 있기 때문에 아들인 외삼촌의 허리가 아프다 하여 속는 셈 치고 마지막 지푸라기 잡는 심정으로 이장하거나 화장을 하기로 어른들이 결정했습니다. 그러나 외할아버지는 당시 70년대 유행성출혈열로 돌아가신 분이라 콘크리트관에 묻히셨기 때문에 무당을 혐오하던 외삼촌은 끝까지 그럴 리가 없다고 하며 반대하였지만 집안 어른들의 권고로 결국 묘를 파 봤더니 실제로 콘크리트관이 많이 녹아 있었고 그 사이를 나뭇가지가 진짜 파고들어 시신의 허리 쪽을 정확히 휘어감고 있었던 것입니다. 결국 외할아버지 묘지를 이장하고부터는 외삼촌의 허리는 씻은 듯이 나았고 이걸 옆에서 지켜본 저로서는 무섭기도 했지만 너무 신비하여 엄청난 충격으로 아직까지 제 기억에 남아 있습니다.

이런 것 말고도 어릴 적에 어른들이 하는 말을 들어 보면 신기한 무당들이 정말 많았던 것 같습니다.

아마도 이런 식으로 사람을 치료하는 행위가 무당이 아닌 현대의 고등종교에서 일어날 경우 어마 무시한 교세의 확장이 이루어졌을 겁니다. 실제로 미국 등에서 예배 중 아픈 사람을 치료하는 이벤트로서 초대형 교회로 부흥한 내용을 방송에서 본 적이 있으실 겁니다.

비록 이렇게 치료하는 사례가 아니더라도 한국에서는 이상하리만큼 초대형 교회들이 많습니다. 단일 종파로 세계 최고의 신흥종교들이 한국에서 흔히 발생하고 있는 것은 다른 나라에서 보기 힘든 우리만의 독특한 현실입니다.

도대체 무슨 이유로 한국은 이토록 모든 종교가 흥하고 사람들 또한 종교에 잘 빠져드는 것일까요?

아마도 한국인들이 하얀 옷을 입고 치료를 담당하던 샤먼 계급으로서의 지위를 지녔던 고대 역사에서 그 이유를 찾아볼 수 있다는 생각이 듭니다.

우리가 샤먼 계통의 민족이었을 것이라는 생각은, 중앙아시아 사크족의 계급제도에 황제는 황금 옷을, 귀족은 적색 옷을, 승려 계급은 하얀색 옷을, 목동 파란 옷을, 농부 노란 옷을 입었다고 하는 기록에서 유추가 됩니다.

그래서 우리나라 사람들은 종교에 잘 귀의하기도 하고 또한 우리의 유전자 속에 샤먼의 피가 흐르거나 영적 능력이 뛰어난 사람들이 많아서 그런가 하는 의심이 들기도 합니다.

여기서 참고로, 제가 '영적(靈的)'이라는 용어를 쓴 것은 신(神)적인 능력을 얘기하는 것이 아닙니다. 여기서 영적이라는 말에 비록 신령 령(靈) 자가 들어가지만 이걸 귀신이나 신으로 보는 것이 아니라, 현대 과학이 아직 모르는 인간의 뛰어난 능력이 있다는 의미에서 쓴 용어라는 것을 말합니다.

다시 말해, 샤먼이 영적인 것은 무당이 신의 존재를 인정하든 안 하든 상관없이, 일반 사람들에 비해서 정신적인 어떤 능력이 좀 더 탁월할 수도 있다는 의미일 뿐입니다. 그도 그럴 것이 고대 무당은 최고의 학식과 지식을 갖춘 석학이었기 때문이기도 합니다. 마치 천부경을 지으신 분이 연상되는 것처럼요.

그리고 전 세계의 고인돌이 유럽과 북아프리카에 약 6만 기 정도가 분포한다고 하지만, 국가적으로만 놓고 볼 때, 남북한 합쳐서 약 4만 기가 있다고 하니 숫자나 그 밀도 면에서 우리나라가 단연 1위인 것입니다.

고인돌은 흔히 지석묘라고 하여 무덤으로 추정하고 있으나 제단이었을 것이라는 말도 있고 좌우간 정확한 사용 용도는 아직도 확실히 파악을 못 하고 있는 것이 현실입니다.

영국의 스톤헨지 역시 고인돌의 한 형태로 보는 학자들도 많습니다.

고인돌을 무덤으로 보든 아니면 제단으로 보든, 하여간 고인돌은 어떤 형태든지 제사와 밀접한 관련이 있는 것으로 보이며 그렇게 보면, 지금도 그렇지만, 한반도에 분포해 살았던 우리의 선조들은 하얀 옷을 입고 제사를 많이 지내셨던 분들이 확실한 것 같습니다.

그러한 DNA를 가진 후손들의 나라에서 모든 종교가 한국에 들어왔다 하면 모두 다 잘 되고 있음이 어찌 보면 자연스러운 현상일 수도 있다는 생각이 들 뿐입니다.

42

천부경의 존재가치

양자물리학의 거장인 미국의 물리학자 리처드 파인만은 1965년 양자전기역학에서의 공로로 노벨물리학상을 받습니다.

이 사람이 아주 유명한 질문을 하나 던지는데요, 만약 이 지구가 멸망의 위기에 처해 있고, 자기 앞에는 몇 명 안 되는 인류만이 존재하고, 이 몇 명이 멸망해 가는 지구에서 인류의 문명을 다시 새롭게 일으켜야 하는데, 이런 사람들에게 인류의 재건을 위해 절대 도움이 될 만한 오직 한마디의 말을 해 줄 수 있다면 그게 무엇일까 하는 질문입니다.

질문이 긴 것 같지만, 축약하면 '멸망한 인류의 재건을 위한 가장 필요한 한마디의 조언이 있다면 그것이 과연 무엇인가?'입니다.

그리고 이에 대하여 그는, '이 세상의 모든 것은 원자로 되어 있다'는 조언을 해 주고 싶다고 아주 명확히 대답합니다.

오직 이 한마디가 인류를 다시 시작해야 하는 인간에게 가장 필요한 말이라고 리처드 파인만은 주장합니다.

마찬가지로, 위의 질문과 똑같은 상황에서, 우리 조상 중에 세상의 이치를 깨달으신 어느 한 분의 선지자가 계셨다고 생각해 보겠습니다.

그리고 그분이 돌아가시기 전에 후손들을 위해 아니 우리 인류를 위해 무엇인가 중요한 말씀을 해 주시고 후대에 널리 알려지길 바란다면, 그 말씀이 무엇일까요?

아마도 모르긴 몰라도 그 내용을 떠나서 문구의 형태로는 리처드 파인만이 말한 것처럼 일단은 간결하고 명료해야 할 것입니다.

하지만, 선지자이신 우리의 선조께서는 우주의 원리와 이치를 리처드 파인만보다 더 많이 아셨고 더 깊이 알고 계셨던 것 같습니다.

그래서 '모든 것은 원자로 되어 있다'라는 방식의 한마디 말로 후대에 전달하고자 하는 말씀을 남기려니, 내용이 너무 부족하였을 겁니다. 그렇다고 일일이 나열하여 말로 서술해 가며 다 설명을 하자니, 말이 너무 길어지면 후손들 몇 대 못 가서 내용 전달이 잘 안 되거나 내용에 왜곡이 생겨날 수 있으므로 문장을 길게 만들 수도 없었을 것입니다.

다시 정리하자면, 1965년에 천재적인 물리학자인 리처드 파인만이 인류에게 남길 수 있는 가장 가치 있는 한마디가 '모든 것은 원자로 되어 있다'라는 말이라면, 만약 힉스입자가 증명된 2012년 7월에 이 말을 수정해서 다시 말한다면 제 생각에 아마도 리처드 파인만은 '모든 것은 원자로 되어 있는데 그 원자들은 원래 하나의 물질에서 나왔다'라고까지 수정하여 얘기했을 거라고 생각합니다.

그러면 우리 조상님이 우주의 원리를 알고 있었던 상황에서, 과연 지금의 우리라면, 우리 후손들에게 이러한 사실을 당연히 알리고 싶지 않으시겠습니까?

하물며 우주 탄생의 원리에서부터 인간 탄생의 원리까지 설명해 가며 결국 그 최종의 가치를 인간의 존엄성에 두고자 했던 장엄하고도 깊고 숭고한 사상을 내용의 변동 없이 후대에 영원히 남기고자 한다면 여러분이라면 어떻게 하셨겠습니까?

모든 내용을 전달하려 욕심내어 글씨를 많이 써서 내용이 길어지면 후대로 이어지는 동안 찢겨 나갈 수도 있고, 내용이 변질되는 경우도 많을 것이고, 적들이나 아니면 내부의 반민족적 통치자들에 의해 심하게 변질되거나 아예 없어질 수도 있습니다. 실제 우리의 고대사는 그러한 심한 고통을 겪었습니다.

세조, 예종, 성종으로 대를 이어가며 우리의 찬란한 고대사를 고의로 말살하려 했던 '고대사 수서령'처럼, 자신들의 권력 유지만을 위한 조선의 통치자들에 의해 우리의 고대사가 파괴되고 지워지며 심지어 중국과 한국의 주종 관계마저 뒤바뀌는 최악의 상황까지 가게 됩니다.

그러므로 천부경의 내용은 마땅히 짧고 간결하게 만들어 유사시에 누구나 바로 외워서 후대에 전달되어도 내용의 변질이 없이 쉽게 전달되도록 만들었을 것입니다.

이런 것을 감안하여, 쉽게 바로 외워 쓸 수 있도록 짧은 글로써 이 모든 것을 표현하고자 우리 선조께서는 고도로 함축된 81자의 천부경을 탄생시킨 것으로 그 내용은 리처드 파인만이 남기고자 했던 내용보다 훨씬 더 구체적이며 인류를 위해 높은 가치를 지닌 유산으로 우리에게 이어져 오고 있는 것입니다.

43

천부경의 명맥

만약 말로만 전해오던 천부경을 기록함에 있어서 천부경이 표음문자로 쓰였다면, 수천 년을 내려오는 과정에서 글씨 자체도 변천하였을 것이고 더욱이 지역적 사투리와 수천 년에 걸친 시대적 사투리가 개입되어 후대로 이어오기보다는 의미 자체가 변하거나 왜곡이 되었을 것입니다.

그러나 한자처럼 표의문자로 표기가 이루어질 경우 한자의 뜻이 변하지 않는 한 후대로 오랫동안 그 뜻을 전달하기엔 안성맞춤이었을 것입니다.

아주 오래전 공중파 TV에서 성우가 어떤 글을 읽는 것을 보았는데 그게 무슨 말인지 알 것 같으면서도 거의 못 알아들었던 적이 있었는데요, 바로 다시 화면에 자막으로 내용 해석을 해 주는 것을 보고서야 알아들을 수 있었습니다.

그것은 구한말과 일제강점기 시절 우리나라의 일반 사람들이 사용하던 말투를 글로 적어서 그대로 성우가 따라 읽은 것이라고 합니다.

결국 조선 시대의 말들을 발음 그대로 읽었을 때 지금의 우리가 알아듣기에 많이 어색하거나 제대로 알아듣지 못하는 경우가 많을 것입니다.

심지어 불과 1960년대 우리나라에서 만든 영화만 보더라도 억양에서부터 상당한 이질감을 느끼는 것은 저만의 생각이 아닐 것입니다.

하물며 천 년도 아닌 만 년 전의 천부경이 과연 말로써 이어왔다면 그 내용이나 본뜻이 전혀 안 변하고 지금까지 전해 내려올 수 있을까요? 또는 어디에 기록이 되어 있다 하더라도 과연 지금의 우리가 그것을 읽거나 해석할 수가 있을까요?

고등학교 때 배운, 불과 몇백 년 전에 쓰인 고전 책의 발음도 지금의 우리가 배우지 않고 들으면 도저히 뭔 말인지 알아듣기 힘든 게 사실이지요. 반면에 발음까지 다른 중국의 역사책들도 지금의 우리가 읽을 수 있는 것은 한자가 뜻글자인 표의문자이기 때문입니다.

그런 이유로 지역적으로 고립되어 있던 제주도 사투리는 지금 우리도 알아듣기 힘들고 어떤 단어는 의미마저 달라져 거의 외국어 수준임을 부인할 수 없는 상황이 현실입니다.

표음문자인 우리글이 의미전달에서는 표의문자보다도 훨씬 정확하게 뜻이 전달되는 이유는 정확한 조사의 사용과 의미를 풀어서 전달하므로 내용이 모호하지 않기 때문입니다.

바꾸어 말하면, 표의문자의 경우 대부분의 문장이 해석을 필요로 하지만, 표음문자는 그 자체가 '해석'이 되는 것입니다.

가령, 표의문자인 한자로 '지피지기(知彼知己)면 백전백승(百戰百勝)'이라는 말이 있는데, 여기서 '지피지기(知彼知己)'라는 말을 해석함에 있어, 보통 '적을 알고 나를 알면'으로 해석하는 것이 일반적이지만, 과거 인하대 김만규 교수 같은 경우는 '적이 나를 아는 것을 안다'는 식으로 해석하기도 합니다.

이런 단적인 예를 넘어서 지금도 옛사람들이 쓴 글을 가지고 이런저런 식으로 학사들 사이에 여러 의견이 분분한 경우가 너무 허다하지만, 만약 이런 글들이 한글로 '적이 나를 아는 것을 아는 것'이라고 쓰여 있었다면 그렇게 글의 해설을 놓고 싸울 일이 전혀 없을 것입니다.

그러나 어려운 긴 문장을 표음문자로 기록한다고 한다면 세대를 거를수록 읽고 해석하기가 점점 어려워질 수 있습니다. 지역적 사투리 그리고 시대적 사투리로 인하여 마치 한국어와 몽골어 심지어 우랄알타이어족 계통의 각국 언어들이 바뀌었듯이 고대에 기록해 놓은 긴 문장은 시간이 갈수록 해석이 불가능하기까지 했었을 것입니다.

그런 이유에서 천부경은 표음문자보다는 표의문자로 쓰였으며 지금의 우리에게까지 그 명맥을 유지해 올 수 있었던 것입니다.

그러나 한편으로, 천부경은 표의문자라는 이유로 그간 해석의 어려움이 있었던 것이 사실입니다.

더욱이 그 뜻이 너무 함축적이다 보니 유난히 해석상의 난관이 발생하였던 것입니다.

과거 천부경이 널리 알려졌던 시기에는 당연히 그 본뜻을 서로 해석하고 이해하였을 것입니다.

그러나 너무 오랫동안 수많은 전쟁과 평지풍파를 겪으며 후대로 겨우 내려오는 과정에서 그 본뜻의 해석은 사라지고, 81자의 알맹이만 가까스로 전해지게 된 것입니다.

이렇게 어렵게 우리겨레를 통하여 명맥을 유지해 온 천부경이 이제 이 세상의 중심사상으로 다시 발돋움하기 위해서는 반드시 본래의 뜻이 밝혀져야 함은 당연합니다.

그리고 감히 말씀드리건대, 이제 천부경의 본뜻이 밝혀졌습니다. 천부경의 본뜻을 밝힌 것이야말로 진정 천부경의 명맥이 실질적으로 다시 이어진 것이라고 생각합니다.

또한 천부경은 모든 종교와 사상을 포용할 수 있는 내용이기에 우리 인류가 하나가 될 수 있는 기틀임을 확신합니다.

44

숨겨진 우리 고대사

　천부경이 지금 이 시대에 왜 이토록 사람들에게 알려지지 못하고 또한 제대로 된 뜻풀이 하나 없이 전승되었는지에 대한 아이러니의 원인은 바로 찬란했던 우리의 고대 역사를 잃어버린 것과 누군가에 의해 빼앗겼기 때문일 것입니다.
　이제는 우리의 역사를 되찾아야 하는 시간이 왔으며 가려진 우리의 고대사에 대한 새로운 인식이 필요한 시기가 되었습니다.
　우리가 겨레의 역사를 잃어버렸다는 많은 증거가 최근에서야 나오기 시작합니다.
　기존의 식민사관을 뚫고 얼마 전부터 뜻있는 분들의 연구를 통하여 많은 증거자료가 세계 각국에서 속속들이 발견되고 있습니다.
　그 증거들로는 외국에 존재하는 우리에 대한 역사 문헌들도 있지만, 우리와 같은 언어나 풍속을 공유했던 국가나 사람들의 고대 흔적들이 새로이 발견되고 있는 것이 현실입니다.
　이것은 우리의 잃어버린 계보를 찾아내는 것과 같으며 그 자취를 찾는 것이 바로 우리의 역사를 찾는 것이 되는 것입니다.

배재대 손성태 교수에 의하면, 고대 우리 조상들이 고구려, 부여, 발해가 멸망하며 그 유민들의 대이동이 시작되었는데, 만주에서 축치반도와 캄차카반도를 지나 알류샨열도와 알래스카를 거쳐 아메리카대륙으로 남하하여 원주민을 형성하였다고 합니다.

손성태 교수 이론의 중요한 근거는 미대륙의 인디언들과 멕시코 인디언들의 풍속과 언어가 우리가 사용하는 풍속과 언어와 같았다고 합니다.

언어의 경우, 단어뿐만 아니라 문장까지도 일치하는 것이 많았다고 합니다.

손 교수는 서로 다르게 자생한 민족 간에 언어가 일치할 확률은 거의 없다고 합니다.

즉, 같은 문화권이 아니면서 지역적으로 멀리 있는 다른 민족이나 다른 나라 간의 언어가 서로 '우연히 일치할 확률'이 얼마나 될까요? 결론부터 말씀드리면, 로또에 당선될 확률보다도 훨씬 희박합니다.

벼락 맞을 확률에 비교되는 로또 1등 당첨 확률은 814만 5천분의 1인데 이는 45개의 숫자 중 6개만 맞으면 되는 것에 대한 확률이지요.

로또를 계산식으로 하면, $_{45}C_6$=8,145,060이 됩니다.

풀이하자면, 45×44×43×42×41×40=5,864,443,200으로 이 숫자를 6×5×4×3×2×1=720으로 나누면 '8,145,060'이 나오고요, 확률은 그 '숫자'분의 1이 되므로 약 814만 5천분의 1이 됩니다.

일례를 들어, 손성태 교수는 우리가 마시는 '물'이라는 단어를 예로 제시하였는데, 그러면 이 단어 하나만 가지고 멀리 떨어져 있는 서로 다른 민족이 같은 발음으로 같은 뜻을 사용할 확률이 얼마나 되는지 한번 살펴보겠습니다.

이것을 표음문자인 영어로 한번 표기해 보겠습니다.

발음대로 하면 MOOL이 되지만, 'O'자를 두 번 쓰는 중모음의 경우 계산이 복잡해지므로 편의상 물의 표기를 그냥 'MUL'로 하겠습니다. 이 경우, 단순히 MUL이라는 단어가 순서 없이 무작위로 뽑힐 경우는 $_{26}C_3$으로 2,600분의 1입니다.

그렇지만 MUL이라는 단어를 순서대로 뽑을 확률은 훨씬 희박한데요, 이 경우 26분의 1×25분의 1×24분의 1로써 1만5천6백분의 1이 되므로, 서로 멀리 떨어져 각자 자생한 민족 사이에서 마시는 물이라는 뜻이 물(MUL)이라고 발음할 수 있는 경우의 수는 1만5천6백분의 1의 확률입니다.

이것은 역으로 '물'이라는 발음으로 같은 뜻을 사용하는 두 집단이 있을 경우, 그들은 서로 같은 나라 사람이었던지 아니면 같은 문화적 공동체였던 것 아니고서는 역사에 있어서 나타날 수 없는 불가능한 확률입니다.

좀 더 극단적으로 예를 들어보겠습니다.

영어에서 부정관사 'a'와 같이 한 개의 알파벳만으로도 표현이 가능한 단어가 있는가 하면 심지어 진폐증이라는 영어 단어는 'Pneumonoultramicroscopicsilicovolcanoconiosis'으로 무려 45

개의 알파벳으로 이루어져 있는 단어도 있습니다.

물론 절대로 그럴 리 없는 아주 극단적인 예시이지만, 만약에 이렇게 긴 단어의 뜻이 서로 같다면 어떨까요?

서로 각자 자생한 문화 집단 사이에서 같은 발음으로 같은 뜻을 쓰는 단어의 글자 수가 많아질수록 그 두 집단은 과거에 같은 민족이었거나 같은 문화 집단이었을 확률이 더욱더 높아지는 것은 물론이고, 더 많게 같은 뜻의 단어들이 나타난다면 그들은 결국 과거에 같은 민족이나 같은 나라 혹은 같은 문화권의 사람들이었다고 단정을 지어도 됩니다.

하물며 단어를 넘어서 문장까지도 일치한다면 여러분은 어떤 생각이 드시겠습니까?

손성태 교수의 유튜브 강의를 보면, 멕시코 인디언들은 점쟁이를 '다마틴이'라고 발음하였다고 합니다.

그림 그리는 사람을 보고는 '다기려'라고 하였고, 자기 집을 '내집', 또 영어로 'I like it'이라고 해석을 달아 놓은 것에는 '나그다조타'라고 초기 정복자들이 발음기호를 달아 놓았다고 합니다.

보시다시피 우리가 모두 알아들을 수 있는 것들입니다.

물론 모든 아메리카 인디언들이 이렇게 우리와 같은 언어를 사용한 게 아니라는 주장도 있지만, 하지만 마치 경상도 사람이 전라도 말도 알아듣는 것처럼, 우리와 거의 비슷한 언어를 사용했던 분류의 아메리카 인디언들이 있었다면 과연 이들이 우리와 다른 사람이었을까요?

확률적으로라도 절대 그럴 수 없습니다. 우리말을 사용했던 아메리카 인디언들이었다면 분명히 과거에 같은 민족이나 같은 국가 혹은 같은 문화를 공유했던 사람들이었을 겁니다.

특이한 것 하나 더 말씀드리면, 언젠가 지상파 TV 다큐멘터리에서 보았는데(너무 오래돼서 방송국이나 정확한 시기는 기억 안 납니다) 일본의 왕족들이 2천 년 동안 제사를 지내면서 지금까지 제사를 주관하는 한 사람이 발음 하나 틀리지 않게 중얼거리는 짧은 문장의 말이 있는데요, 그 사람의 발음을 들어본 일본 사람들은 전혀 알아듣지를 못하고 있었습니다.

그 사람은 왕족 제사에서 그 짧은 문장을 발음 하나 토씨 하나 틀리지 않게 2천 년을 윗대에서부터 이어오는 동안 똑같은 발음을 하였다고 하는데, 자기 자신도 그게 무슨 뜻인지 전혀 모르고 있다고 하였습니다.

그런데 방송국 기자가 한국 사람들에게 그 문장을 녹음하여 들려줬더니 거의 99%의 사람들이 다 알아들었습니다.

물론 저도 알아들었습니다.

그 문장의 발음은 '아즈메 오소, 아즈메 오소' 이렇게 단순했으며 계속 반복을 하였습니다.

당시 방송에서는 이 발음이 우리네 경상도 사투리라고 말하고, 그 내용은 아마도 제사를 지내는 무당이나 제사장 혹은 혼을 부르는 말이 아닌가는 추측을 하였습니다.

일본 왕족이 제사 때 쓰는 단어도 아닌 문장을 평범한 우리나라 사람들이 알아들을 수 있을 확률이 얼마나 될까요?

우연히 유튜브에서, 일본에 오래 살았던 일본 신화 연구가이자 한일 교류 전문가인 서화진이라는 분이 강의하는 것을 보았는데 일본어의 거의 모든 말들이 우리나라의 신라, 백제 등에서 건너간 우리의 언어를 바탕으로 하고 있다는 것을 뚜렷한 근거로써 새롭게 밝히는 것이었습니다. 물론 이전에도 이러한 주장들이 워낙 많았기에 당연히 그럴 것이라는 생각은 했었으나 워낙 구체적이고 많은 양의 내용을 접했더니 새삼 다시 한번 놀랐던 적이 있었습니다.

이렇게 아주 흔한 정황만으로 굳이 역사서로서 밝히질 않더라도 결국 일본의 왕실과 국가는 우리네 옛 조상들이 들어가 이룬 것이 확실입니다.

다시 멕시코 인디언들 얘기로 돌아가겠습니다.

손성태 교수의 유튜브 강의 내용 중, 하나 더 예를 들어, 인디언 언어를 발음 나는 대로 적어 놨다는데 '약이 있다'라고 발음을 한다고 합니다. 그러면서 이것을 당시 영어로 그 뜻을 기록해 놓았는데 'have a medicine'이라고 적어 놨답니다.

같은 단어 그리고 같은 문장까지 일치했던 멕시코의 인디언들은 풍습까지도 우리와 일치하는 것이 너무 많았다고 합니다.

이렇게 서로 다른 지역에서 서로 다른 민족이 각자 독자적인 자생을 통하여 언어와 풍습이 같을 확률, 특히 말의 문장까지 뜻이 같을 확률까지 본다면, 이는 흰 종이 위에 임의로 온갖 물감을 마구 뿌려서 정물화가 그려질 수 있는 확률로 보시면 될 것입니다.

결론은 아메리카 전 지역에 분포되어 있던 인디언들은 과거에 알류샨열도와 알래스카를 거쳐 건너간 우리와 같은 선조들의 후손들이었으며 그 이외에도 온돌 등과 같은 수많은 물증과 자료들이 우리 선조들이 이동한 경로 안에서 차고 넘치게 발견이 되고 있는 실정입니다.

그리고 아메리카 쪽뿐만이 아니라, 강상원 박사의 경우는 우리 민족의 언어가 세계 언어의 뿌리라는 것을 산스크리트어의 연구를 통하여 밝혀내고 있습니다.

강상원 박사의 유튜브 강의에 의하면, 산스크리트어로 'Jhan-Kohala'라는 것이 있는데, 발음으로는 '잔콜할라', 즉 지금 우리가 중국인을 놀릴 때 쓰는 바로 '짱꼴라'인 것입니다. 이 뜻은 '범어(산스크리트어)도 쓸 줄 모르는 사람' 혹은 '범어 사용 불능자'라는 의미였다고 합니다.

결국 산스크리트어가 우리말에서 유래된 말이라면 '짱꼴라'라는 말은 피지배 민족이나 혹은 '변방의 오랑캐들'을 일컫는 말이었을 것이 분명하며, 이는 고대 한국과 중국의 위상이 많이 달랐음을 알 수 있는 근거라고 생각됩니다.

단순히 이렇게만 봐도 언어에 있어 단어만 같아도 같은 문화권이었을 확률이 높은데, 게다가 역사서에서 구체적으로 얘기하는 내용까지 같다면 그 역사는 사실이 되는 것입니다.

비록 지금 우리네 역사서에는 드물지만, 우리의 고대사가 방대한 영역을 형성했었다는 무수히 많은 증거들이 중앙아시아 등에서 많이 발견되는 만큼 고대에 북방 민족을 형성했던 국가들의 언어를 비교 연구하여 서로의 연관성을 찾아내고 이러한 증거들을 토대로 하루라도 빨리 숨겨진 우리의 고대사를 바로 세워야 하는 것이 우리의 할 일입니다.

  동시에 우리 고대사의 핵심인 천부경의 본뜻을 세계에 전파해 인류의 평화와 발전에 중심이 되게 하는 것 또한 우리의 사명이라 하겠습니다.

45

천부경은 왜
우리에게만 전해 오는가?

《한단고기》[9]의 《태백일사》에 나오듯이 천부경은 신시시대 이전 한국시대(桓國時代)에서부터 내려오던 사상임을 알 수 있습니다.

그런데 이렇게 보면 천부경이 전 세계 역사서 어디에 혹은 최소한 북방 민족 어디에 혹은 동이족이었던 국가들 어디에라도 천부경의 흔적이 나와야 하는데 그렇지 않고 가까스로 우리 민족에만 내려오는 것 같습니다.

당연히 전 인류에 전해져 고루 내려와서 어딘가 그 흔적이 있어야 하는데, 그렇지 않은 이유는 천부경을 싫어하는 다른 누군가에 의해 역사에서 천부경이 지워진 것이 아닐까요?

천부경 하나만을 일부러 누군가가 없애려 하기보다는, 단군의 계보를 잇는 우랄알타이어족계 12연방 국가들의 흥망성쇠가 있을 때마다 피지배를 받던 세력에 의하여 12연방 민족들의 문화와 역사가

---

9 계연수, 《한단고기》, 임승국 역, 정신세계사, 1986, 232~233쪽.

파괴되거나 왜곡되는 수난 과정에 천부경이 교집합처럼 포함되어 있었을 가능성이 높습니다.

다시 말해, 12연방을 와해하려는 세력이 볼 때, 꼭 없애야 할 1순위가 천부경이 아니었나 싶습니다.

앞에서 언급한 《태백일사》의 〈한국본기〉에 보면 한국(桓國)은 12나라가 합쳐진 형태, 지금으로 말하자면 여러 나라가 합쳐 이룬 연방제 형태의 국가였던 것이었습니다.

지금 카자흐스탄 등의 중앙아시아 주변국에서는 고대 12연방이 나오는 역사를 정사로 인정하여 동쪽으로는 대한민국까지였다는 것을 정식교과에서 서술하고 있다는 것을 보아 색목인이라 불리던 스키타이의 백인들까지도 우리와 같은 문화권에서 국가를 이루었던 공동체 혹은 동맹의 국가들이었다는 겁니다.

즉, 우리나라에서 발굴된 고대의 무덤과 신라 시대 왕족의 무덤에서 백인의 DNA가 발견되는 것도 우리 조상 중에는 백인들이 많았다는 증거인 것입니다.

그래서 그런지 우리 주변에는 분명히 한국 사람이지만 백인처럼 생긴 사람들을 드물지 않게 볼 수 있습니다. 실제로 조선 시대까지 백인의 모습을 한 사람들이 백정이라는 직업을 가지고 살아왔다는 기록도 있을 정도입니다.

중국의 시안에 많이 분포돼 있는 피라미드는 원래 단군의 묘인데 이를 중국 정부가 애써 산이라고 하며 감추려는 이유가 일설에 의하면 중국의 피라미드에서 발굴한 묘 주인의 유골이 노란 머리의 백인이라는 말이 있습니다.

 이렇게 되면 피라미드가 동이족 단군의 무덤이었다고 볼 때, 단군들 중에는 백인도 있었다는 것이 됩니다.

 12한국이 여러 북방민족의 연방제 국가였으므로 당연히 황인종과 투르크계의 백인종이 섞여 있었을 것이고, 때문에 단군 중에 백인이 있었으리라는 것은 전혀 이상할 것이 없습니다.

 마치 지금의 연방제 국가인 미국에서 흑인 대통령이 나오는 것이나, 우리네 신라 왕릉에서도 백인의 DNA가 검출되는 것처럼 말입니다.

 즉, 인종도 달랐던 그 당시로 다시 간다면 지금과 같은 혈통적 민족 개념이 아닌 동일한 문화권의 사람들이 하나의 겨레를 이루었다고 해야 맞을 것 같습니다.

 이는 다수의 인종이 섞였으나 하나의 국가를 이루듯, 마치 지금의 미국처럼, 그리고 우리의 전라도 경상도 제주도가 다 같은 한국인인 것과 같은 것입니다.

 하여간, 이렇듯 12연방이 다시 뭉치려는 움직임 속에서도 이들 국가를 형성했던 나라의 어느 역사에도 천부경은 재등장하지 않는 듯싶습니다. 아니면 아직 못 찾았든지, 발견이 아직 안 된 것일 겁니다.

 《한단고기》 내용 중 한국(桓國) 말기에 안파견이 서자 한웅으로 하여금 홍익인간(弘益人間)의 이념으로 무리 3,000을 이끌고 태백산에 보내 하늘의 뜻을 열고 가르침을 세워 만세에 이르게 한다는 내용이 나옵니다.

이렇게 홍익인간의 사상이 우리 역사에 나오는 것을 보면 어쨌든 천부경의 사상이 당시까지도 우리에게는 잘 전달이 되고 있었던 것이라는 생각이 가능합니다.

물론 우리 주변의 공동체를 형성했던 나라들에도 천부경 사상이 전수되고 있었을 것입니다만, 너무 오랜 세월이 흐르다 보니 여러 요인에 의해 맥이 끊어졌을 가능성이 크다고 봅니다.

어쨌든 고대 12연방에 관하여 기술한 역사는 우랄·알타이어 계통 중앙아시아의 다수 민족들의 역사서에서 많이 찾아볼 수 있으나 천부경만큼은 아직까진 우리 민족에게서만 발견되었습니다.

제가 만나 본 어떤 사람은 베트남의 깊은 산골지방을 업무차 방문한 적이 있었는데 우연히 거기서 주민들이 81자로 된 뭔가의 주문을 외우는 것을 보고 천부경이라고 직감했다고 하는 사람을 본 적이 있으나 확인이 힘드니 그냥 일설에 불과한 것으로 말씀드립니다.

하지만 이 시대에 천부경이 다시 전 세계에 퍼진다면 그때는 각 나라와 종족에 숨어 있던 고대 천부경이 하나둘씩 발견될 가능성이 충분히 있다고 봅니다.

그중의 하나가 '요나구니 유적'이라고 봅니다.

오키나와의 요나구니 해저에서 발견된 81자로 된 상형문자는 첨 시작하는 글자가 마지막 끝나는 글자와 같은 글자로 되어 있고, 또한 일시무시일과 비슷하게 배열이 된 것으로 보더라도 혹시 고대 어떤 종족의 문자로 된 천부경이었거나 그와 유사한 것이 아닌가 하고 미루어 짐작이 갑니다.

국가들의 분열이 발생하고 반대 세력의 통치자가 나타나면서 기존의 통치 사상을 말살하고 새로운 통치 이념을 세우는 과정에서 각 나라에 전파된 천부경이 사라졌으리라는 것 또한 충분히 일리가 있습니다.

 가까이는 일본인들이 그랬고, 조선 시대엔 우리 왕조가 스스로 무수히 많은 우리의 고대 역사서들을 없애고 날조시킨 사건들은 이루 말할 수 없이 많았습니다.

 일본은 침략국이었으니까 그렇다손 치더라도, 같은 우리나라의 왕이었던 조선왕조의 경우는 세조, 예종, 성종에 걸쳐 자국의 수많은 백성의 삼족을 멸하며까지 우리의 고대사 책들을 거두어들이라는 '수서령'을 통해 지배 세력이던 조상들의 위대한 역사를 거의 말살하였던 것입니다.

 그 이유는 오로지 지배를 위해서였습니다.

 유교 사상을 기반으로 한 사대주의 통치 이념인 경국대전을 완성하고 이를 통하여 백성을 사대주의적 사상으로 지배하는 것이 자기들이 지배 권력을 유지하기에 유리하다고 생각했기 때문입니다.

 백성을 인격체로 여기는 시대가 아니었기에 인간 생명을 중요시하는 천부경 같은 것은 오히려 권력 유지에 방해만 되었던 것입니다.

 우리겨레가 중국 땅을 지배해 왔다는 역사가 사대주의를 숭상하며 설립된 조선왕조에는 반대로 커다란 걸림돌이 있었기에 그 찬란하고 거대했던 우리의 고대역사를 아예 말살하려 하였던 것입니다.

 우리 선조들이 고대부터 중국을 지배해 왔다는 역사적 사실들이 조선 시대 중국을 섬기는 사대주의 통치 사상과 완전히 반대된다는 이유 하나만으로 우리의 모든 고대 역사는 그렇게 우리네 왕조에 의해 스스로 없어지고 숨겨졌던 겁니다.

실제로 《한단고기》[10] 내의 〈소도경전본훈〉에 보면, 조선 시대에 들어오면서 오로지 유교 사상에만 글을 두더니 신하인 조의와 논의한 결과, 천부경을 보존하지 말아야 한다고 하니 참으로 한스러운 일이라는 것에서 보듯이 노골적으로 천부경을 없애려 했다는 기록이 나옵니다.

하물며 다른 12연방국들의 숨은 역사에서도 수없이 이런 일들이 있었을 것이고 이로써 천부경 사상은 말살을 거듭 당했을 것이라고 충분히 추측됩니다.

심지어 종교의 자유가 보장된 지금 이 시대에도 특정 종교집단은 단군을 아예 부인하는 것을 넘어 각 학교나 지역에 세워진 단군상의 목을 자르는 행위를 치밀하게 자행했던 것만 보더라도 질곡의 과거 역사 속에서 과연 어떤 일이 벌어졌었는지는 안 봐도 뻔한 것입니다.

결국 이런 관점에서 보면, 천부경이 우리 민족에게만 내려온 것이 아니라 우리 민족마저도 하마터면 천부경을 완전히 잃어버릴 수도 있었을 것이라는 생각이 듭니다.

---

10 계연수, 《한단고기》, 임승국 역, 정신세계사, 1896, 232쪽.

그나마 다행히도 일부가 남아 지금의 천부경이 《태백일사》 내 〈소도경전본훈〉[11]을 통하여 전해지게 된 것은 우리뿐만 아니라 전 인류에게 있어서도 천운이 아닐 수 없습니다.

---

11 계연수, 《한단고기》, 임승국 역, 정신세계사, 1986, 233쪽.

46

우리는 누구인가?

　전 세계에서 가장 오래된 재배 볍씨가 한반도에서 출토되었습니다.
　전 세계 고인돌 약 6만 기 중, 한반도 유역에서만 4만 기가 발견되었습니다.
　전 세계에서 가장 오래된 인류문명인 홍산문명이 동이족의 문명입니다.
　전 세계에서 신석기 4대 문화권이 유일하게 겹치는 곳이 만주 한반도 일대입니다.
　전 세계에서 발견된 황금 왕관 단 10개 중 8개가 한반도에서 나왔습니다.
　전 세계 IQ 1위의 국가가 우리나라입니다.
　인류 최초로 금속활자와 측우기를 발명하였습니다.
　인류 최초로 인공태양 핵융합로의 독자개발에 성공하였습니다.
　하물며, 지금 우리는 왜 자신들의 역사 하나 제대로 지키지 못하는 것일까요?
　중국의 많은 정사(正史)에 중국 고대 왕들이 거의 다 동이족이었다고 기술하고 있고, 중국에서 홍수로 인해 발굴된 묘족의 비문 문자가 고대 신라에서 쓰던 문자와 같은 글이었던 것으로 발견된 것, 그리고 박창범 교수의 연구에 의하면 삼국사기 천문관측기록으로도 고구려, 백제, 신라의 위치가 모두 대륙에 있었고, 심지어 통일신라의 위치도 대륙에 있었던 것으로 나옵니다.

또 다른 증거로, 양자강 유역에 신라방, 신라소가 있었고, 그 지역에 천문관측대가 있었다는 것만 보더라도 당시엔 신라의 수도가 양자강 유역이었다는 유력한 증거입니다.

불과 얼마 전의 역사인 청나라도 자신들이 신라의 후손임을 밝히며 이름의 성씨에 '애신각라(愛新覺羅)'를 새겨 넣기까지 했음에도 우리는 오히려 우리의 역사를 모두 중국에 빼앗기고 있는 실정입니다.

이렇듯 중국 땅에는 아직도 우리겨레와 연관이 있는 고대의 흔적들이 많습니다.

일례로, 중국 서안의 피라미드가 있습니다.

1945년 한 미국인 조종사에 의해서 티베트에서 피라미드가 목격됩니다. 이것은 세계 최대 피라미드로서 이집트의 것보다 대규모인 100여 개가 티베트 서부에서 발견되었던 것입니다. 그리고 이곳 외에 중국 북부지방(만주, 내몽고)에서도 피라미드가 분포되어 있는 것으로 확인되었습니다.

1990년 독일 고고학자인 하우스돌프는 1945년 당시 찍은 사진을 도서관에서 발견하고 왜 중국에 이런 피라미드가 있는지에 대한 궁금증으로 1994년 중국으로 건너가 피라미드 사진을 찍었으나 필름 대부분을 공안에 의해 압수당하였습니다. 그나마 다행인 것은 챙겨 나왔던 그중 일부를 책으로 발간했다는 것입니다.

이렇듯 당시에 중국당국은 이들 피라미드 연구 탐사를 철저하게 금지하고 있었습니다. 하우스돌프는 당시 중국에서는 외부인의 접근도 못 하게 하여 나무로 위장시킴으로써 피라미드가 아닌 것처럼 은폐시켰다고 주장했습니다.

내몽골, 만주, 북중국 지역에 가면 정체불명의 피라미드들이 수없이 더 있는데, 현재까지 밝혀진 것은 100개 이상이며, 평균 25~100m 높이의 피라미드들이라고 합니다.

그레이엄 헨콕의 주장에 의하면, 중국 산시성의 피라미드 배열의 구조가 이집트 피라미드의 배열과 똑같이 오리온 별자리 구조로 되어 있다고 합니다.

참 신비한 일이지만, 이것이 사실이므로 중국의 산시성 지역과 이집트 지역은 같은 문화권이었거나 혹은 어느 한쪽에서 문화가 전파된 것이라고밖에 해석이 안 됩니다. 그러면 당연히 누가 원조냐는 문제가 제기되는 것입니다.

떳떳한 역사라면 숨길 이유가 없는데도 이러한 실체를 숨겨 오던 중국에서 결국 중국 고고학자인 '이난 왕(Yinan Wang)'이라는 사람은 중국의 것들은 피라미드가 아닌 중국의 왕릉이라는 주장을 하는데, 이는 중국의 어느 역사서에도 근거를 찾아볼 수 없는 주장이었습니다.

게다가 세상에 너무 알려지기 시작하여 더이상 감출 수만은 없었던 중국은 언제부터인가 이들 피라미드를 오히려 관광지로 개발하여 개방하기 시작하였고 이들은 지금까지도 이난 왕(Yinan Wang)의 말을 근거로 피라미드들을 자기네 한나라 왕들의 무덤이라고 주장합니다.

하지만 역사를 판가름할 수 있는 중요한 척도인 역사서와 무덤 양식, 그리고 별자리 중에서 뭐 하나라도 이난 왕(Yinan Wang)의 주장을 뒷받침할 만한 근거가 없습니다.

왜냐면 피라미드와 같은 적석목곽분의 양식은 원래 중국의 분묘 양식이 아니기 때문입니다.

북중국에 위치한 피라미드들은 위로 갈수록 낮아지고 계단식의 모양을 한 것으로, 이는 만주와 한반도에 널려 있는 옛 우리네 고구려의 무덤 양식인 것입니다.

학계에서는 이러한 건축공법을 '들여쌓기 공법'이라고 부르며, 중국과 일본에는 찾아볼 수 없는 고구려에만 있는 고유의 건축 공법이라는데, 이에 대하여 중국인들 말고는 이의를 다는 학자가 아무도 없습니다.

일부 중국학자들은 피라미드가 아니라 흙으로 쌓아 올린 방식의 왕릉들이라고 하지만, 이는 말도 안 되는 주장으로 흙으로만 쌓았다면 몇천 년간 정사각형의 피라미드 형태를 유지하기란 힘들었을 것이므로, 실제는 흙이 덮여 있을 뿐 외벽이 돌로 쌓아 올린 고구려 무덤 방식의 피라미드가 맞다는 것이지요.

반대로 우리의 역사서들에 나오는 천문(일식) 관측 기록에 의하면 고구려는 바이칼 호수 근처에 있던 것으로 나오고, 백제는 북경 근처에 그리고 신라는 양자강 유역에 있었던 것으로 나옵니다.

게다가 무덤의 양식도 우리네 것이라면, 과연 '산시성의 피라미드는 누구의 것인가?' 또한 '왜 중국인들은 외부에 들키기 전까지 애써 자랑스러운 피라미드를 숨기려 했던가?'에 대한 의문이 풀릴 것입니다.

당연히 이런 사실이 드러나게 되면 그 순간 중국의 과장되고 왜곡된 역사가 통째로 무너지게 되므로 이를 우려한 중국은 외국에서 이미 예전부터 공동 탐사를 요구하였음에도 절대하지 않았고 자기들만이 몰래 탐사를 진행하고 조작이 완료된 이후 어느 순간부터 일부 개방이 되었을 가능성이 큽니다.

그들의 자체 탐사가 매우 의심이 가는 이유는, 중국이 자행하는 동북공정(東北工程)의 행위만 보더라도, 피라미드와 같은 역사 증거물들의 대다수가 감춰진 몇십 년 동안 중국인들에 의해 훼손되고 조작되었을 가능성이 농후하기 때문입니다.

그 와중에 기껏 산둥성 지닝 취푸시에 있는 작은 피라미드 하나를 소호의 능이라고 주장하지만, 그렇다 치더라도, 중국의 사서에 소호는 동이족으로 알려진 만큼, 만약 소호의 능(陵)이라고 하여도 역시 피라미드 문화는 동이족의 문화가 되는 게 맞습니다.

심지어 《진시황 본기》에 의하면 진시황의 조상이 소호 금천이라고 나오며, 사기색은에 의하면 황제 헌원은 유웅국(有熊國) 군주의 자손이라 하여 분명히 동이족임을 밝히므로, 진시황도 그렇고 황제 헌원도 모두 결국 동이족의 후손들임이 분명합니다.

공자 역시도 아버지의 이름이 '숙량홀(叔梁紇)'이었다고 하는데 이는 김정민 박사에 의하면 몽골 발음으로 '솔롱고스'가 되고, 솔롱고스는 또한 예로부터 한국 사람들을 지칭하는 말이라고 합니다.

결국 중국이 자랑하며 자신들의 시조로 여기고 있는 역대 왕들이나 성인이 사실은 모두 동이족이었으므로 중국의 고대역사는 온통 북방 민족인 동이족의 역사뿐입니다. 원래 남방민족이었던 중국이 아무리 둘러대며 북방 민족의 역사를 빼앗으려 해도 수천 년의 세월에 새겨진 역사를 조작하긴 힘듭니다.

일본만 보더라도 강점기 시절 한국의 고대사를 불태워 없애고 왜곡하였으며, 동시에 그들은 자기들의 역사마저 심각하게 왜곡시키고 있는 것이 현실입니다.

심지어 일본의 고고학자인 후지무라 신이치는 스스로 유물을 땅에 일부러 묻어 놓고 4만 년 전 유물을 출토했다고 왜곡시켰는데, 그 내용이 일본의 교과서에까지 실렸고 20년이나 지나서야 2000년이 되던 해 언론에 폭로되어 조작 사실이 드러났습니다.

역시 이 일본 고고학자도 중국의 고대사 발굴처럼 외국과의 공동 탐사를 절대 거부하였었습니다. 이런 면에서 중국이 피라미드를 공동 탐사하자는 외국 학자들의 제안을 거절하는 이유를 알 것 같지 않습니까?

실제로 지금에 있어 역사를 왜곡하고 조작하는 건 일본보다 중국이 더 심각합니다. 그 이유는 피라미드도 그렇지만 중국의 국운이 걸린 동북공정의 중심에 홍산문명이 있기 때문입니다.

중국에서 발견되는 피라미드가 중국의 왕릉이라고 계속 우기는 중국학자들에게 있어, 만리장성 동북쪽에서 발견된 동이족 고유의 홍산문명의 등장은, 엎친 데 덮친 격으로, 자칫하면 중국의 역사가 통째로 붕괴되는 것입니다.

어쩔 수 없이 중국은 동이족의 홍산문명을 자기네 역사로 편입시켜야만이 전체 중국 역사의 붕괴를 막을 수 있으므로 중국은 국가의 국운을 걸고 역사 왜곡을 하지 않을 수 없는 입장입니다. 결국 고구려의 역사를 중국의 역사로 편입시키는 동북공정을 해야만 하는 것이 중국의 피치 못할 현실입니다.

역으로 말하자면, 중국을 붕괴시킬 방법 중에 가장 강력하고 확실한 방법이 바로 동이족과 한국을 비롯한 고대 북방민족의 고대사를 바로 세우는 것입니다.

홍산문명은 중국의 만리장성 북동부에 존재하였던 신석기시대 문화로 1908년에 일본인에 의해 처음 발견되었습니다.

하지만 당대엔 큰 관심을 받지 못하다가 20세기 초 중국에 온 프랑스 예수회 신부 에밀리상이 22곳의 신석기 유적을 발견했으나 간단한 글만 남깁니다. 이를 미국에 유학 중이던 중국의 고고학도 양사영이 읽어 보고 귀국하여 1930년대 발굴 작업을 하며 보고서를 작성하는데, 이것이 오늘날 중국 동북공정이 시작된 격이라고 합니다.[12]

---

12 오상도, '사라진 단군의 진실을 복원하라', 주간경향, 2006년 10월 24일, 뉴스메이커 696호.

홍산문명의 특징은 돌로 쌓아 올린 무덤인 적석총과 빗살무늬토기 등이 대표되는 동이족 고유의 문화로서 중국 고대 문화와 완전히 다른 면을 보여 줍니다.

기원전 8천 년 전으로 추정되며 인류 최초의 용(龍)의 형상도 발견이 되고 웅녀, 곰 발바닥 등의 유물이 출토되어, 사실 중국의 역사가 동이족에 의한 피지배 역사 내지는 아류의 역사임이 증명되는 결정적인 계기가 바로 홍산문명인 것입니다.

홍산문명의 발견에 대해서만큼은 우리의 고대사를 부정하는 이들이 크게 반발 못 하고 있는 것을 보면, 계속된 홍산문명의 연구를 통하여 우리 고대사가 정식으로 인정받을 수 있는 계기가 될 수 있을 것 같습니다.

홍산문명보다 조금 더 오래전의 역사로 올라가 보겠습니다.

쌀의 기원이 인도의 갠지스강 유역에서 4천 년 전쯤 벼농사를 시작했다는 주장과 약 7천 년 전 중동지역에서 최초로 농경이 시작되었다는 설이 과거엔 정설이었으나, 1990년대에 중국에서 양자강 유역에서 8~9천 년의 볍씨가 발견됨에 따라 벼의 인도기원설과 최초의 농경 기록을 갈아치운 바가 있습니다.

물론 한반도의 청주 소로리에서 인류 최초의 볍씨가 발견되기 전까지 말입니다.

충북 청주시 흥덕구 옥산면 소로리의 공사 현장에서 1998년과 2001년 두 차례에 걸쳐 발견된 고대 볍씨의 탄소연대 측정 결과로 전 세계 고고학계가 경악하였는데요, 그 결과는 무려 일만삼천 년에서 일만오천 년 전의 볍씨라는 것이었습니다.

그것도 그냥 야생 벼가 아닌 재배 볍씨이며, 게다가 동남아에서 먹는 소위 '안락미'라는 종류도 아닌 지금도 우리가 먹고 있는 탱탱한 쌀의 종류인 자포니카 계열의 볍씨라고 합니다.

소로리 볍씨의 발견은 인류의 농경사를 다시 써야 하는 충격적인 사건이었는데요, 이는 소로리 볍씨의 발견으로 인류의 농경 시작을 신석기에서 구석기로 끌어 올려야 했기 때문입니다.

2003년에는 영국의 BBC에서 중국 후난성의 볍씨보다 4천 년이나 앞선다고 소개를 하였고, 2004년 1월 프랑스에서 열린 세계문화유산 회의에서 세계문화유산으로의 등재 가치가 충분하다는 의견까지 나왔으며, 2016년에는 소로리 볍씨로 인하여 세계적인 고고학 개론서인 《현대 고고학의 이해》에도 한국이 쌀의 기원지로 명시되었습니다.

또 있습니다.

항공대 우실하 교수의 〈홍산문화와 요하문명의 한반도와의 연계성 연구〉 발표에 의하면, 동이(東夷)의 홍산문명과 요하문명이 일찍 꽃을 피울 수 있었던 근거로, 요동 및 요서를 포함한 만주 일대와 한반도가 신석기 4대 문화권이라는 '거석문화권', '빗살무늬토기문화권', '채도문화권', 그리고 '세석기문화권'이 모든 문화가 수용되고 융합되는 공통지역으로 유일하게 세계 4대 문화권이 공존했던 지역이라는 것입니다.

그렇다면 결국 만주 일대와 한반도 지역이 고대에 세계 문명의 중심이었다는 것입니다.

여러 문명이 만주와 한반도 일대에 모여들었든, 아니면 만주와 한반도 일대에서 그 문명들이 퍼져 나갔든 간에, 이 지역에서 당시의 모든 문화가 공통적으로 교집합을 이루고 있었다는 것은 그 지역이 당시 세계문화의 중심 지역이었다는 증거입니다.

마치 지금의 미국이나 유럽처럼 말입니다.

세계 각지에서 모여든 사람들이 만주와 한반도 쪽으로 집중해 들어왔다면 그들 중 상당수가 우수한 인력들이었을 것이고, 당연히 이들이 한국 땅에 머물렀다면 그들 역시도 우리 선조의 한 명이 되는 것은 너무나 당연합니다. 즉, 전 세계의 머리 좋은 여러 인종으로 혼합된 우수 인력들이 만주와 한반도 유역에 모여들어 살았었다는 것입니다.

신라 시대 선덕여왕까지의 지배계층들이 중앙아시아 계통인 백인의 유전자라는 말도 일리가 있어 보이는 대목입니다.

이 말은 우리의 선조 중에는 동양인 말고도 유라시아 계통이나 중앙아시아 계통에 백인의 모습을 한 사람들도 다수 존재했다는 것이지요. 즉, 우리에겐 이미 오래전부터 백인의 유전자가 상당히 있었다는 것입니다.

실제로 2011년 부산 가덕도의 신석기시대 무덤에서 발견된 유골에서 유럽형 유전자가 발견되었으며, 분묘의 형태에서도 독특한 매장방식인 가덕도의 굴장은 독일 카스도르프 굴장과 그 형태가 비슷하다고 합니다.

결국 고대 찬란했던 4대 문화권을 유일하게 모두 보유했고 홍산 문명을 꽃피웠던 우리의 선조들은 결코 하나의 혈통이라기보다는 역사적으로 여러 나라와 민족 그리고 인종 중 엘리트계층들이 유입되고 모여 섞인 형태라는 것이 더 타당해 보입니다.

그러다 보니 그 결과로 우리나라가 전 세계에서 IQ 1위가 된 것이 지극히 자연스러워 보입니다.

영국의 얼스터대학(Ulster University)의 리처드 린 명예교수는 2002년 핀란드 헬싱키 대학의 타투 반하넨 교수와 출간한 《IQ와 국부》라는 저서에서, 그리고 2006년 출간된 《지능의 인종적 차이, 진화론적 분석》에서 전 세계 국가들의 IQ를 분석한 결과 한국이 IQ 106으로 단연 1위를 차지했고 북한 일본, 중국 등이 그 뒤를 이었으며 다음으로 유럽의 나라들 순으로 나타났습니다.

이렇게 세계 IQ 지도를 만들어 우실하 교수가 말하는 신석기 4대 문화권의 지도와 대조하여 비교할 경우, 신석기 4대 문화권의 핵심에 세계 IQ 1위인 한반도가 위치하고 있음이 한눈에 확인 가능하며, 4대 문화권에서 중국 등의 방향으로 퍼져 점차 IQ가 낮아지는 IQ 분포지도는 신석기 4대 문화권의 지도와 전반적으로 상당 부분 일치하는 것을 볼 수 있습니다.

이렇듯 무궁무진하게 성장할 수 있는 세계 제1의 유전자를 지녔음에도 불구하고, 아직도 역사 이해의 부족으로 정체성을 찾지 못하고 있는 과연 지금의 우리는 누구입니까?

홍산문명이 증명하듯이 남들이 구석기 신석기를 할 때, 우리는 이미 옥기와 철기시대를 구가하고 있었습니다.

　이토록 훌륭했던 지금의 우리는 선조들과 똑같이 훌륭한 혹은 좀 더 진화된 DNA를 아직도 소유하고 있습니다.

　혹시 '예쁜꼬마선충'에 대해서 아시나요?

　1mm밖에 안 되는 실처럼 생긴 작은 벌레입니다.

　워낙에 작은 동물이고 구성이 단순한 벌레라서 이 동물의 뉴런(Neuron, 신경전달물질)에 관한 모든 정보가 다 파악되었다고 합니다.

　모든 뉴런이 어떤 강도로 어떻게 모든 근육과 각 감각기관에 연결되었는지 전부 알아낸 결과를 토대로 컴퓨터에 프로그램화하였더니 모니터 상에서 이 '예쁜꼬마선충'이 나타나 진짜 살아 있는 생물과 완전히 똑같이 움직이더라는 것입니다.

　하물며 우리는 훌륭한 선조들로부터 그분들과 똑같이 훌륭한 DNA를 물려받았음에도 불구하고 과거 선조들이 이룬 것과 같은 영광을 재현하기는커녕 훌륭했던 선조들의 역사마저 잃어버리고 있습니다.

　그렇다면 지금의 우리 모습이 벌레인 '예쁜꼬마선충'보다 못한 것은 아닐까요?

　그러나 이제 우리는 고대 선조들이 이루었던 영광된 역사를 재현할 수 있는 실마리를 잡았습니다.

　그것이 바로 천부경입니다.

그리고 새로운 이 시대에 천부경을 바탕으로 과거의 역사를 재현하고 천부경을 세계만방에 알려 인류의 평화와 행복에 공헌해야 할 소임도 우리에게 주어져 있다는 것을 잊지 말아야 할 것입니다.